RAUL CABALLERO YOCCOU

DEL PULPITO AL CORAZÓN

Editorial UNILIT

Publicado por
Editorial **Unilit**
Miami, Fl. U.S.A.
Derechos reservados

Primera edición 1994

Derechos de autor © Raúl Caballero Yoccou
Todos los derechos reservados. Este libro o porciones
no puede ser reproducido sin el permiso de los editores.

Producto 498622
ISBN 1-56063-778-1
Impreso en Colombia
Printed in Colombia

Contenido
Parte I

Parte II

Parte I

INTRODUCCION

La creciente necesidad de que el evangelio sea predicado en el contexto de toda la doctrina bíblica, ha sido una de las razones que ha impulsado la preparación de esta obra. Es simplemente una herramienta más que se agrega a las que todo predicador debe tener para su trabajo.

La preparación de bosquejos (esencialmente doctrinales) tiene por finalidad otorgar al siervo de Dios la facilidad de estudiar ciertos temas con una mejor precisión para que también el Espíritu Santo iluminando su mente pueda aplicarlos con claridad a las mentes de los oyentes.

Nunca podremos hacer nosotros lo que Dios se ha reservado para él, pero él tampoco hace lo que nos corresponde a nosotros. Los mejores discursos que hallamos en la Biblia son una prolija enunciación de Escrituras aplicadas a las circunstancias de los que oían.

Cuando pensé en la preparación de este libro, lo hice convencido de que muchos antes que yo ya habían preparado trabajos similares (y superiores) en calidad, pero que aún podía reunir material desperdigado que sería útil en estas circunstancias. Los cristianos en general, y los predicadores en particular deben presentar argumentos bien convincentes sobre la fe que profesan. También pensé que muchos quisieran oír desde sus púlpitos, temas más consistentes y que respondan mejor a las incógnitas del momento.

La presentación del Dios de la Biblia está vinculada con la proclamación de las doctrinas de la gracia que son la expresión de ese Dios a nuestro caso de humanos perdidos por el pecado. Es a esta realidad, a la que se opone el humanismo occidental o el encarnacionismo oriental porque quieren disimular el veredicto divino sobre la fatalidad de la humanidad y la realidad de la muerte.

En la preparación, he utilizado mucho material propio y adaptado otros tratando de mantener el estilo. Cada bosquejo tiene una conclusión por lo general de orden práctico basada en la experiencia propia o de otros hermanos.

Ruego a Dios que la reunión de todo este material sea usada por el Espíritu Santo para que realmente se convierta en un mensaje directo que sea *Del púlpito al corazón.*

Raúl Caballero Yoccou
Ayolas 283 Cht. 11
1878 QUILMES
Argentina

BOSQUEJO
No. 1

DIOS
Su Persona I

Según la ciencia, el estudio se hace pesando que el hombre es más capaz que el objeto a estudiar, por ello las conclusiones pueden variar. Pero en el caso de Dios no es así, porque El es el infinito y nosotros únicamente tratamos de conocer lo que nos ha revelado (comp. 1 Corintios 2:11). No podemos investigar a Dios (Job 11:7), ni podemos imaginarlo (Isaías 40:18), solamente tratamos de agrupar algunos textos que nos den cierta luz; por ejemplo:

1. Sobre su carácter

a. Que es invariable porque es infinito (Números 23:19).

b. Que es invariable porque es todopoderoso (1 Samuel 15:29)

c. Que es invariable porque es eterno (Salmo 102:25-26).

Naturalmente estos detalles están más allá de nuestras capacidades, pero nos presentan a la persona que anhelamos conocer como un ser muy lejos de nuestro alcance, cuya revelación está completa en Cristo (Juan 1:18).

2. Sobre su nombre

Sabemos que es "santo" (Exodo 20:7), que es "poderoso" (Salmo 8:1) y que es "grande" (Salmo 76:1), pero además sabemos que se nos ha dado a conocer utilizando nombres que estuvieran dentro de nuestro entendimiento. Por ejemplo, tenemos tres que tienen la misma raíz (El, Elohim y Elyon) y que apuntan a mostrar su grandeza y señorío.

Están diseminados por todo el Antiguo Testamento.

Otro nombre relacionado es Adonai, que significa "capacidad para juzgar o dirigir", y muestra que Dios es el Soberano Todopoderoso, a quien todo debe estar sujeto y, los hombres son sus siervos (Exodo 4:10-12; 34:9; Salmo 38:9). Podríamos ver que otro nombre cercano es El Shadai, porque más particularmente se encuadra con la descripción del poder absoluto que posee. Así como Elohim es el Dios de la creación, El Shadai es el Dios de la sujeción, de quien todo depende (Génesis 17:1; Exodo 6:3; Job 40:2), incluso como fuente de bendición y cuidado (Exodo 6:1-8).

Finalmente, nos encontramos con Jehová, que presenta todo lo que vemos en los anteriores, pero en gracia. Los judíos tenían por él una reverencia casi supersticiosa: 'Y el que blasfemare el nombre de Jehová, ha de ser muerto...; (Levítico 24:16). La verdadera procedencia del nombre, su pronunciación original y el verdadero significado, no están bien claros, pero nos afianzamos en Exodo 3:13-14 para certificar que agrega la hermosa cualidad de la inmutabilidad de Dios, especialmente en el cumplimiento de sus pactos (comp. Génesis 15:7; Lucas 1:72-73; 2 Samuel 23:51 Salmo 83:9; Exodo 6:4, Jueces 2:1) y en su interés permanente de salvar a su pueblo. Damos gracias porque también es Dios de paz (Filipenses 4:9), de amor (2 Corintios 13:11) y de consolación (Romanos 15:5).

3. Sobre sus atributos inherentes

Los atributos, o quizás más propiamente, las características, giran alrededor de:

a. Su autoexistencia o eternidad (Salmo 90:2; Juan 5:26; Apocalipsis 4:8).

b. Su inalterabilidad o inmutabilidad (Salmo 102:26-27; Santiago 1:17).

c. Su infinitud o ilimitabilidad (Salmo 139:7-10).

Este modo de ser, nos demuestra que él tiene vida en sí mismo (Juan 5:26), es independiente de todas las cosas creadas (Salmo 94:8-10) y transciende tanto de hecho como en voluntad lo que nosotros vemos (Romanos 11:33-34); Deuteronomio 4:35). Por ello no cambia (Isaías 41:4; Malaquías 3:6), aunque en sus relaciones con los hombres tenga que modificar actitudes para mantener su trato "en gracia" (comp. Exodo 32:10-14); Jonás 3:10).

CONCLUSION

Dios es infinito, pero utiliza lenguaje humano para expresarse, para que podamos comprender su carácter misericordioso. A Abraham le mostró las estrellas (Génesis 15:5; 22:17), a los israelitas los alimentó con maná (Exodo 16:15), a Job su capacidad, de restituir toda su riqueza (Job 42:10) a usted y a mí, su constante cuidado y paciencia.

BOSQUEJO No. 2

DIOS
Su Persona II

Dios no tiene limitación de ninguna naturaleza y su perfección alcanza todos los ángulos de nuestra mirada (Salmo 145:3; Mateo 5:48) es "la" verdad, no hay en él sombra de variación (Santiago 1:17), en consecuencia, su revelación es verdadera, confiable y segura (Hechos 6:18; comp. Deuteronomio 32:4; 1 Juan 5:20, 21).

1. Todo lo crea
Salmo 90:2

La doctrina de la creación, tal como la presentan las Escrituras, muestra que Dios es el origen de todo (Hechos 11:3). Esta capacidad la encontramos en cualquier lugar de las Escrituras, comenzando por Génesis 1. Tiene todo poder para hacer (Amós 4:13), la sabiduría para diseñar (Jeremías 10:12-16) y hacerlo como le place. Tiene poder para demostrar el valor de lo creado como fuente de revelación (Salmo 19:1; comp. Nehemías 9:6).

2. Todo lo armoniza
Job 26:13

La creación, a pesar del pecado, muestra la armonía del Creador, porque el objetivo supremo es manifestar su gloria (Isaías 60:21).

Los claros cielos con luna y sol (Salmo 8:3) siguen siendo testigos de la armonía de millones de leyes orbitales a las que no tenemos acceso, sino por vía de la admiración (comp. Salmo 104:19, 24; Isaías 13:10). También son creación suya los monstruos marinos y los pequeños animales, los árboles, las plantas y las flores (Génesis 1:11,21), que en silencio glorifican al Creador.

3. Todo lo sostiene
Colosenses 1:16-17

No sólo todas las cosas subsisten por su mano, sino que lo hacen siguiendo las leyes establecidas (Salmo 139:7-10; Job 38:10-11) que domina de manera transcendente (Hechos 1:10) mientras quiera (2 Pedro 3:5-7), porque según la Escritura, la creación que ahora gime, será intervenida por él (2 Pedro 3:10-12).

CONCLUSION

¡Cuán difícil es hablar de lo que Dios es! Y ¿Cómo explicarlo a los demás? Tal vez, cuando alguno dude, deberíamos preguntarle si puede contar el número de las estrellas. Entonces ¿Cómo podríamos dimensionar al Creador de ellas? (Salmo 8:3-4). Gracias que en Cristo hemos comprendido algo de su grandeza porque en él habita la plenitud de Dios.

BOSQUEJO NO. 3

DIOS
Su Unidad

Dios es, y todos deben conocer que solamente hay un Dios (1 Reyes 8:60; 1 Timoteo 2:5). Los israelitas lo aprendieron en el desierto antes de entrar a la tierra prometida (Deuteronomio 6:4) y lo oyeron en más de una ocasión (Zacarías 14:9), especialmente cuando leían la ley. Lo mismo ocurre en el Nuevo Testamento (Marcos 12:29; Romanos 3:30; 1Corintios 8:6;Gálatas 3:20; Efesios 4:6; Santiago 2:19).

Por medio de estas Escrituras, destruimos la falacia de los que aseguran que Dios está en todas las cosas o que todo puede ser Dios (panteísmo), y de los que insisten en que existen muchos dioses válidos de acuerdo con el sentir de cada individuo (politeísmo), todo lo cual es idolatría.

a. Dios es único en la creación (Deuteronomio 4:35-39).

b. Dios es único en su revelación (Isaías 45:5-6).

c. Dios es único en su amor (Juan 3:16).

Esta particularidad, demuestra que ningún dios o dioses es como Jehová Dios nuestro (Exodo 15:11) que es eterno, pero con capacidad para mostrarnos su inmensidad (Jeremías 23:23-24) de modo sencillo y al alcance de nuestra comprensión (Hechos 17:27-28).

1. Hay un Dios, el Padre...
1 Corintios 8:6

Según este texto, Dios es el dueño de todas las cosas, la característica que lo diferencia de los "dioses" que ni ven ni oyen (Salmo 115:3-8) y por lo tanto no viven. Dios es nuestro Padre que nos ama (2 Corintios 1:3), provee a nuestra necesidad (Juan 6:32) y nos muestra su protección (2 Corintios 6:18).

2. "Hay un solo Dios, y un solo mediador... 1 Timoteo 2:5

Se nos presenta otro enfoque de la unicidad de Dios relacionado con su deseo excepcional de salvación para todos (2 Pedro 3:9,15) por medio de Jesucristo. Además opera en nosotros el querer así como el hacer por su buena voluntad (Filipenses 2:13).

3. "Dios es uno" Gálatas 3:20

En este caso significa que Dios ha asumido plenamente las obligaciones del pacto, por ello el pacto con Abraham se denomina también "promesa". Esto, sin ningún intermediario humano para que no haya dudas de que Dios solamente puede realizar un pacto y cumplirlo (comp. Santiago 2:19).

CONCLUSION

El mundo acepta muchos dioses y vive en idolatría. Pero nosotros que aceptamos solamente a Dios, tenemos que quitar todo lo que estorbe entre él y nosotros (Colosenses 3:5).

Visitando Tailandia, fui a un templo budista, en su interior yacía inclinado hacia adelante un enorme monumento tratando de representar la posición en que murió el creador de una de las principales religiones del mundo. Cualquier tema o método de vida que engendre se basará en un dios muerto, frío e impotente.

BOSQUEJO No. 4

DIOS
Sus Características I

Hay atributos de Dios que demuestran su naturaleza y no podemos compartir. Entre éstos se encuentran su perfección, eternidad, infinitud, autoexistencia, inmutabilidad, etcétera. Pero hay otras manifestaciones que sí podemos sentir y compartir, porque así nos lo enseña la Escritura.

1. Dios es bueno
Marcos 10:1b; 1 Crónicas 16:34

Es la característica que más nos afecta. Si no fuera así estaríamos perdidos. Pero, nos concede nuestras peticiones (2 Crónicas 5:13), perdona nuestros pecados (2 Crónicas 30:18), acepta nuestra adoración (2 Crónicas 7:3) y nos revela su voluntad. Es el único bueno y desea nuestro bien (Salmos 34:7-8; 100:5). Nos ama a pesar de lo que somos (Juan 3:16; 1 Juan 4:10), es misericordioso (Salmo 118:1) y paciente (2 Pedro 3:9).

Para la religión los dioses siempre están en la venganza, el castigo, la destrucción. En la Biblia, Dios es la fuente de la bondad (Exodo 34:6) y por todas partes sus consejos o enseñanzas son formas de comunicarla a los hombres (Salmo 33:5).

Lamentablemente, a causa de su rebeldía, la humanidad, siguiendo su propio albedrío, transita por otra senda y se enfrenta a paradojas como la destrucción o muerte (comp. Salmo 107:8,15,21,31).

2. Dios es Santo
1 Pedro 1:16

Es lo que distingue a Dios de cualquier otra persona (Salmo 11:4) y hace que pueda morar en el cielo (Salmo 99:1,3).

La Biblia dice que Aquel cuyo nombre es santo, habita la eternidad (Isaías 57:15). Aunque no puede ver el pecado, ama al pecador (Job 34:10), tanto que Cristo, que es santo (Hechos 4:27), inexplicablemente para nosotros, cargó con nuestro pecado (2 Corintios 5:21; 1 Pedro 2:21).

3. Dios es Justo
Salmo 129:4

La justicia es la rectitud constante de Dios por la cual conserva su perfección. Nos demuestra su justicia en todos sus actos, sea para probar a los hombres (Salmo 7,9), como para sostenerlos (Salmo 37:17) y levantarlos (Salmo 55:22; comp. 2 Crónicas 12:6; Salmos 11:7; 116:5; 145:17).

Es debido a este atributo que puede premiar (2 Timoteo 4:8) a los cristianos y dar retribuciones inobjetables a todos los hombres (Deuteronomio 7:9,10,12,13; Romanos 2:6).

CONCLUSION

A modo de ejemplo, podríamos leer Deuteronomio 28:47-50, que es parte de una serie de advertencias de Dios a Israel sobre el cumplimiento de su pacto.

Así como había condenado a los paganos y dado la tierra a su nación, los sacaría de ella y la entregaría a otros, cosa que ocurrió (Jeremías 28:14) con la invasión de Nabucodonosor (2 Crónicas 36:6-21). Dios, que había sido bueno con ellos, también conservó Su santidad y demostró su justicia.

BOSQUEJO No. 5

DIOS
Sus Características II

Las provisiones que Dios nos da, son evidencias o manifestaciones para que podamos comprender que sus propósitos (Jeremías 12:1-2) descansan en su poder, amor y justicia hacia los hombres. Aunque no entendamos todo, podemos entrar hasta cierto punto y ver:

1. La Gracia de Dios
Colosenses 1:6

La gracia es mucho más que una misericordia circunstancial (Mateo 5:7), porque está presente en todo tiempo como favor inmerecido para los pecadores. De ella surge el manantial de vida eterna, que es lo que mejor podemos comprender de Dios.

Leemos de la "gloria de su gracia" (Efesios 1:6) cuando somos aceptados como hijos, y de "las riquezas de su gracia" (Efesios 1:7) cuando nos explica el método utilizado, que es la redención. Así, la gracia que nos une a la familia de Dios, también nos brinda paz (Gálatas 1:3), salvación (Efesios 2:8), consuelo (2 Tesalonicenses 2:16) y esperanza (1 Pedro 1:13). La gracia nos enseña a vivir dignamente (Tito 2:11-12) y esperar al Señor Jesucristo.

2. La Paciencia de Dios
1 Pedro 3:20

Es la manifestación de su amor por el cual soporta a los hombres a pesar de la desobediencia de continuar en el pecado. Es el "Dios de la paciencia" (Romanos 15:5), constantemente presente para invitar a que depongamos nuestra actitud y aceptemos su amor.

Por esta acción conocemos los límites de la clemencia (1 Timoteo 1:16) que detienen el castigo y destrucción de los hombres. Pero, no debemos olvidarnos del diluvio; ni de Sodoma y Gomorra (2 Pedro 2:6; comp. 2 Pedro 3:15).

CONCLUSION

Estas tres expresiones de Dios están visibles en los ejemplos de 2 Pedro 2:4-9, que sirven de argumento al escritor: los ángeles que pecaron, el diluvio que cayó sobre el mundo antiguo, y la destrucción de Sodoma. En ellas hay bondad, paciencia y justicia.

BOSQUEJO No. 6

DIOS
Sus Relaciones

Ya que Dios es bueno (Mateo 6:26) y amoroso (1 Juan 4:16), conviene que sepamos de qué modo se relaciona con nosotros y qué sucede cuando recibimos su naturaleza.

Ciertamente que la Biblia nos muestra muchas maneras o formas en que se ha relacionado. Por ejemplo nos ha santificado (Hechos 10:10), elegido (Efesios 1:4), comunicado vida (Efesios 2:4-5), etcétera. Veamos tres muy importantes:

1. Nos dio su naturaleza
2 Pedro 1:4

Pocas veces agradecemos el haber recibido su vida por medio del Espíritu Santo (Juan 6:63). El, es nuestro Padre (Romanos 8:16) y nosotros somos sus herederos. Suya es la vida eterna y nuestro el privilegio de tenerla por fe en Cristo Jesús.

Los hijos tienen acceso a la presencia del Padre, y esto hacemos al orar (Mateo 6:9,14), y sentir su amor (Juan 16:27) al creer en las promesas que nos da. Podemos llegar a la intimidad filial, como un pequeño que confía plenamente en lo que su padre dice y hace (Gálatas 4:6). El Espíritu nos confirma en esa dependencia para auxiliarnos a obedecer su voluntad.

2. Nos dio su gloria
Juan 17:22

La misión que los doce iban a emprender necesitaba un poder especial. Hasta el presente el Señor Jesús los había mencionado en oración, desde ahora explica lo que él mismo estaba por realizar (v.21). El resultado de la dádiva debía ser triple:

a. Que sean uno.

b. Que sean identificados con Dios.

c. Que el mundo crea.

3. Nos dio paz
2 Tesalonicenses 3:16

Sabemos que la verdadera paz proviene de Dios (Filipenses 1:2) porque es el Dios de paz (Romanos 15:33; 16:20). Cuando Cristo murió se hizo la paz (Romanos 5:1) y desde que aceptamos su obra la tenemos en nosotros. El es la fuente y también la dádiva, porque tener a Dios es tener la paz (comp. Salmo 29:11; Isaías 9:6).

CONCLUSION

Luego que el señor Bonar terminara uno de sus sermones, se le acercó una persona y le preguntó: "Señor Bonar, ¿cómo puedo disfrutar la vida cristiana del modo en que usted lo hace?", la respuesta fue: "No quiero hablar de mí, pero por cincuenta años he tenido el trono de gracia a disposición".

BOSQUEJO No. 7

EL SEÑOR JESUCRISTO
Su Persona

El Señor Jesús es el Hijo de Dios (1), es Dios manifestado en carne (2), vestido de humanidad para redimir a los humanos (4). Es eterno, y Señor de la eternidad (4), puede hacerlo todo (5) y estar en todas partes. Cuando estaba en el mundo, aún los pensamientos no le eran ocultos (6) (Juan 2:24-25; 4:16-19; 6:64; 21:17); es omnipresente (Mateo 28:20) por medio de su Espíritu (Romanos 8:9; Filipenses 1:19; 1 Pedro 1:11).

La Escritura enseña que es el Señor de la gloria (1 Corintios 2:8), pero que se humilló hasta lo sumo con la muerte en la cruz (Filipenses 2:5,9). Isaías 7:14 dice que había de nacer de una virgen y Mateo 1:23 confirma el cumplimiento de la profecía con la llegada de Emanuel (Dios con nosotros).

1. Cristo la plenitud de Dios
Colosenses 2:9

Dado las teorías sobre las limitaciones de Cristo que exponían los religiosos, fue imprescindible que los Colosenses supieran que en El moraba permanentemente la presencia de Dios (Colosenses 1:19). Esto significa no solamente que tiene la perfección y la naturaleza de Dios sino que puede actuar como tal. La primera prueba es que por medio de El (Jesucristo), reconcilia consigo el universo (2 Colosenses 1:20-22), comenzando con nosotros.

Luego, realiza una enorme tarea de perfeccionamiento en nosotros, porque nos prepara para vivir aquello de: "vosotros estáis completos en él, (Colosenses 2:10), porque estar en su comunión es estar llenos de El (Efesios 3:17, 20; ver 1:16) en poder, autoridad y representación (Efesios 1:23). Ser la morada permanente de Dios significa que Cristo es Dios, y que cumple todos sus propósitos.

2. Cristo la Gloria de Dios
Juan 17:22

La gloria de Dios significa para nosotros la eternidad expresada de modo que podamos entenderla con nuestras limitaciones (Exodo 16:7-10; Números 20:6; Deuteronomio 5:24; Isaías 6.3; Lucas 2:9).

Los pueblos antiguos no podían ver a Dios, el aspecto de su presencia lo llenaba todo, y en ese mensaje de espanto debían comprender la santidad. Pero ahora, Cristo, con esa misma gloria invariable (Juan 1:14; 2:11; 11:40), vincula santidad y poder ilimitados.

3. Cristo el Amén de Dios
Apocalipsis 3:14

Todos los propósitos concluyen en Cristo. Amén, es un término hebreo que significa "sea así"; "así es". Con especial referencia a la última palabra, el Amén de Dios es Cristo y todo se cumple en El (Romanos 16:27).

En el caso de la iglesia de Laodicea, Amén es la confirmación a una congregación autosuficiente; en Amén sella una posesión del poder (Gálatas 1:1-5) y la presencia del Señor que no quieren reconocer (Filipenses 4:20), también reduce a cenizas las pretensiones desmedidas de la iglesia.

CONCLUSION

Días pasados, leí lo siguiente que realmente me impactó, a la pregunta qué pensáis del Cristo, se dieron varias respuestas. En la juventud, estoy muy feliz para pensar, tengo tiempo. En la mediana edad, estoy muy ocupado para pensar, ahora necesito dinero. En la madurez, no puedo pensar, tengo muchos problemas. En la tercera edad, tengo muchos años como para pensar en el cambio. En la enfermedad, estoy enfermo y débil para cosas nuevas. En la muerte, es demasiado tarde: Dios dijo Amén. En la eternidad hay tiempo perpetuo para pensar en ese amén, que es el juicio de Dios.

BOSQUEJO No. 8

EL SEÑOR JESUCRISTO
Su Encarnación
1 Timoteo 3:16

Llamamos encarnación al maravilloso descenso de Dios para tomar forma humana en la persona de Cristo Jesús. A este hecho, la Biblia denomina: "aquel Verbo fue hecho carne" (Juan 1:14) para que Dios habitara con nosotros (Mateo 1:23: comp. Isaías 7:14).

Este milagro incomprensible para los hombres, está explicado en Lucas 1:26-35. Los profetas habían dicho que el nacimiento del Señor Jesús se iba a producir en Belén (Miqueas 5:2) y así ocurrió (Lucas 2:11). Además, cómo vivió entre los hombres, cómo Dios fue manifestado en carne (1 Timoteo 3:16); súbdito de la ley (Mateo 5:17; Gálatas 4:4) para cumplir los propósitos descritos en la ley en el sentido de que había venido a buscar y salvar lo que se había perdido (Génesis 3:15; Salmo 2:6-12; 110:1; Isaías 9:6; Lucas 19:10).

1. La humillación: "El verbo fue hecho carne" Juan 1:14

Cristo como Logos (verbo), es la personificación de la palabra de Dios. Es la revelación en forma humana del Dios eterno e invisible (Juan 10:38), por ello tiene poder y vida propia (Juan 5:35).

Fue necesario que tomara naturaleza humana para llevar todas las enfermedades y pecados de los humanos (Mateo 8:16-17). Pero debía ser sin pecado para poder expiar los de los demás (Hechos 7:26).

2. La identificación: "él participó de lo mismo"
Hechos 2:14-17

Nos es difícil comprender la gracia de Dios al contemplar que la encarnación de Cristo no fue un acontecimiento aislado sino que se operaba dentro del plan de Dios (Mateo 1:20; Hechos 2:30). El dijo: "he descendido del cielo" (Juan 6:38; comp. 2 Corintios 8:9), para señalar de qué modo se había producido el histórico hecho (Efesios 1:9-10; 21:23; Colosenses 1:15-17) para cumplir el plan de Dios.

3. La humanización: "nació de una virgen"
Lucas 1:30-35

El verbo "fue hecho carne" (Juan 1:14), no significa que el Logos se transformó en carne, sino que tomó sobre sí la forma humana para tener la capacidad adicional de estar entre nosotros, sin dejar o cambiar en nada su naturaleza de Dios eterno (Romanos 8:3). Fue por una concepción sobrenatural que pudo nacer de una virgen tal como lo demuestran Isaías 7:14; Mateo 1:18-23.

Resumiendo, podemos decir que:

a. Dios envió a su Hijo (Juan 10:36)

b. El Espíritu engendró en María (Mateo 1:20)

c. La carne fue su vestido (Romanos 8:3)

CONCLUSION

Conocido es el caso del predicador Dawson, quién para demostrar a Cristo cabalmente dijo una vez: "Por este hombre se os predica el perdón de pecados", y se arrojó detrás del púlpito para continuar sin ser visto, "no el que ocupa el púlpito, sino el Hombre del libro". Aunque extraño, también Cristo escondió su deidad detrás de su humanidad.

BOSQUEJO No. 9

EL SEÑOR JESUCRISTO
Su Carácter

Para profundizar el tema tendríamos que investigar los evangelios. De allí descubriríamos su santidad (Lucas 4:34), su amor (Juan 13:1) y dependencia (Juan 5:30) entre muchas otras cualidades. Pero seguramente, lo que más nos impacte sea:

1. Que era compasivo
Marcos 1:41

Cristo vino a un mundo agobiado por el diablo. La actividad del mal había avanzado en muchas maneras. Cristo se compadeció de la raza y se brindó a ella. Sintió dolor por su situación y lo demostró; no enseñaba solamente: "Sed, pues, misericordiosos, como también vuestro Padre es misericordioso" (Lucas 6:36), ¡sino que en efecto él mismo lo fue!

Prefirió la misericordia a la ofrenda, y aunque muchos demostraron no comprenderlo (Mateo 9:13; 12:7), continuó firmemente con su misión. Se compadecía, tanto de los individuos (Marcos 9:22; Lucas 7:16; 7:39-48), como también de multitudes hambrientas (Mateo 15:32; Marcos 6:34) carecientes de todo, incluido la guía espiritual (Mateo 9:36). Jesús se detenía a solucionar problemas de toda índole y en su amor nunca estuvieron ausentes los pobres, los desvalidos o extranjeros.

2. Que era manso
Mateo 11:29

Frecuentemente observaba la altivez de los religiosos (Lucas 18:9-12) y sabía que nada tenían para ofrecer. No se acercaban a los que tenían cargas. Dos componentes de la invitación parecen describir la provisión del Señor. El primero: "los cargados y trabajados", apunta a la necesidad del alma, y al yugo de las cargas pesadas de los rituales religiosos. El segundo: "aprended de mí, que soy manso y humilde de corazón", donde les ofrece estar junto a ellos y alivianar sus cargas (comp. Mateo 21:5; vea Lucas 15:1; Juan 8:50).

3. Que era humilde
Filipenses 2:8

Aunque Filipenses 2:5 nos invita a tener el mismo sentir que hubo en Cristo, reconocemos que la humildad en la manera en que él la practicó sigue siendo un desafío inalcanzado. Cristo fue humilde de espíritu (Mateo 11:29; comp. Colosenses 3:12) y así vivió.

Por ejemplo: Nació en un pesebre (Lucas 2:7), no tuvo lugar adecuado donde dormir (Lucas 9:58); dependía del sostén de otros (Lucas 8:3); no tenía dinero para pagar los impuestos (Mateo 17:26-27), pidió un asno prestado (Mateo 21:2); murió la muerte de la cruz y fue sepultado en una tumba prestada (Lucas 23:53).

Estas pruebas externas no eran más que la confirmación de lo que ocurría en su interior al tomar la forma humana obediente hasta la cruz (Hechos 5:8).

CONCLUSION

Posiblemente el espectáculo donde mejor podemos observar esta característica de su persona, sea el del lavamiento de los pies registrado en Juan 13:4-5, porque aun habiendo explicado a los Doce cuál sería su futuro, los discípulos continuaban pensando en quién sería el mayor, en lugar de ver cómo debían reconocer su señorío que con tanta claridad les mostró inmediatamente después (ver 14-15).

BOSQUEJO No. 10

EL SEÑOR JESUCRISTO
Sus Palabras

Siempre llaman la atención las palabras de Cristo por estar llenas de contenido y actualidad. Usaba ejemplos al paso, para explicar grandes verdades, flores, pájaros, el sembrador, etcétera. Le daba vida a hermosos textos antiguos aplicándolos a las necesidades de su día y vivificando con ellos a muchos. Les enseñaba ética (Mateo 5 a 7) con gracia y autoridad (Mateo 7:29). Hablaba con conocimiento (Juan 8:38) e instaba a que prestaran oído a sus mensajes (Juan 11:49-50). Sobresalían tres características:

1. Son espíritu y vida –Juan 6:63

2. Son poder limpiador –Juan 15:3

3. Son verdadera semilla –Marcos 4:14

Cristo enseñó centenares de lecciones especialmente relacionadas con el reino de Dios. Mostró la iniquidad del pecado (Juan 3:16-19), la necesidad del nuevo nacimiento (Juan 3:3), la extensión del amor de Dios (Juan 3:16), la necesidad de la vida eterna (Juan 3:36; 5:24), el modo de seguirle (Lucas 14:27); el sentido del discipulado (Juan 8:31); el secreto de llevar fruto (Juan 15:5) y cuáles son los resultados. Sus palabras cautivan (Marcos 10:24) por su contenido y aplicación (Lucas 4:22). Eran el testimonio vital de quién era el Verbo (Logos) de Dios.

1. Sus palabras otorgaban libertad
Juan 8:31-32

Había judíos que habían "creído en él", en el sentido de echar de sí sus prejuicios y aceptar que era el Mesías (Juan 6:14).

Estaban convencidos por lo que decía, que en él estaba la libertad, pero aun sostenían sus propios alcances de la libertad, creían "en" él, pero no creían "a" él. Por ello la advertencia, "Si permaneciéreis en mi palabra", en la revelación de mi persona, en el contenido que entra en el alma (Juan 5:37-38; 1 Juan 2:14) "seréis verdaderamente mis discípulos y conoceréis la verdad y la verdad os hará libres" (Juan 1:17; 5:33). La verdad que resulta de conocer y aplicar la palabra, tiene autoridad para hacernos libres, intelectualmente, moralmente y espiritualmente.

2. Sus palabras contenían vida eterna
Juan 6:63

Los apóstoles estaban acostumbrados a oírle, sabían que sus palabras eran diferentes y contenían la sustancia de la vida (Juan 4:41; 4:50). Por ello escuchaban con avidez, aunque a veces no entendieran bien y procuraban ampliación (Mateo 13:36) porque había un contenido que nadie más tenía (Juan 6:68; 8:47; 10:21; 12:47-48). La verdad postulada en Juan 5:24 sigue siendo el gran mensaje del alma (Juan 17:8)

3. Sus palabras producían cambios totales
Juan 15:3

En efecto, no solamente por la posesión de la vida eterna, sino limpieza por la aplicación de la disciplina que significa cumplir con lo que la palabra enseña (Juan 15:10), y obtener lo que la obediencia ofrece como fruto (Juan 13:35; comp. Juan 5:34; Efesios 5:26). La limpieza es la santidad de vida que claramente hallamos en la Escritura (Levítico 19:2).

CONCLUSION

Las palabras son vehículo de consuelo. A menudo necesitamos encontrarnos con alguien que nos hable, pero que lo haga con paciencia, con conocimiento y argumentos. David decía que por el consejo de las palabras de Dios, se había apartado de los caminos malos (Salmo 17:4).

Con palabras comunicamos el mensaje de la vida y con ellas recibimos la orientación para vivirlo. Tal es el propósito del Señor (Salmo 119:16). Con palabras Cristo mostró condescendencia (Juan 8:11), llamó al discipulado (Marcos 1:17) y mostró su poder (Juan 11:45) ¡gracias al Señor!

BOSQUEJO No. 11

EL SEÑOR JESUCRISTO
Su Obra

Toda la vida de Cristo es motivo de estudio e interés permanente. Sean sus palabras (Juan 12:48), parábolas o respuestas, como sanidades (Marcos 3:7-12), reprensión de los vientos y del mar (Marcos 4:35-39), alimentación de miles (Lucas 9:10-17) o resurrección de los muertos (Lucas 8:41-56).

Pero lo que más nos atrae al hablar de su obra no son tanto éstas como la redención efectuada en la cruz (1 Pedro 1:10-12) en cumplimiento de profecías dichas centenares de años antes (Salmos 22; 69; Isaías 53; etcétera).

1. Los sufrimientos personales
Isaías 53:3

"Varón de dolores, experimentado en quebranto"

Desde su llegada al pesebre, sintió el rechazo y la indiferencia a sus mensajes.

El pueblo se gozaba pero no pasaba de allí, en cambio los religiosos le resistieron hasta el colmo, porque "A lo suyo vino, y los suyos no le recibieron" (Juan 1:11).

No tenía dónde reclinar la cabeza (Lucas 9:58), y el diablo montó un mecanísmo de tentación para destruirle (Mateo 4:1; 16:1; 19:3; 22:18; 22:35).

Noches en los montes (Juan 8:1) o cruzando el mar, muestran al varón con sus dolores personales.

Lloró junto a la tumba de Lázaro (Juan 11:35), sobre Jerusalén (Lucas 19:41) y soportó hasta la soledad del Getsemaní (Lucas 22:44).

2. Los sufrimientos compartidos
Isaías 53:4-5

Así como hizo suyos nuestros dolores, así también soportó nuestras angustias (Mateo 8:17). Veía a las gentes con compasión (Mateo 9:36), ya sea por su condición espiritual como por su pobreza material (Marcos 12:42-43), porque en todo era evidente el reflejo del desamparo e ignorancia. Había enfermedad, hambre, pecado (Mateo 10:8; Marcos 6:56; Lucas 7:47-48; 18:22).

3. Los sufrimientos vicarios
1 Pedro 2:21-24

En Isaías 53:10, leemos que "Jehová quiso quebrantarlo sujetándole a padecimientos". Cuando parecía que todo el sufrimiento del calvario era un castigo de Dios por causa de él (Isaías 53:4), nos damos cuenta que fue el modo de ampararnos a nosotros (Isaías 50:6; Zacarías 13:6-7; Gálatas 2:20). Los hombres podían pensar como quisieran pero en todo cumplía los propósitos de Dios (Hechos 2:23-24). Sufrió la condenación a modo de malhechor (2 Corintios 5:21) pero resucitó triunfante al tercer día.

CONCLUSION

La vida dolorosa que Jesús llevó nos demuestra también el camino que nos toca al andar con él. No que podamos "llevar" los pecados, sino que vivamos en santidad como nos lo mandó (Marcos 2:14; 8:34; 10:21).

Leí de un incidente protagonizado por Lutero frente a sus adversarios: "Dime Martín" —le dijo uno de sus enemigos— "cuando todo el mundo se haya vuelto contra ti, la iglesia, el estado, el pueblo; en tu soledad ¿dónde vas a estar?" El reformador le gritó: "Entonces, como ahora, en las manos del Dios Todopoderoso".

BOSQUEJO No. 12

EL SEÑOR JESUCRISTO
Sus Oficios

Leemos de muchas personas que ejercieron tareas ordenadas por Dios, en favor de otras. Por ejemplo leemos que Melquisedec era sacerdote y rey (Génesis 14:18; Hechos 7:1-3); Jeremías o Ezequiel eran sacerdotes y profetas (Jeremías 1:1; Ezequiel 1:3). Ver otros ejemplos en Josué 22:30; 1 Samuel 1:3; 2 Samuel 15:35; 2 Reyes 12:7; etcétera. Solamente el Señor Jesús reunía los de profeta, sacerdote y rey.

1. Profeta
Mateo 13:35

El término significa: "Hablar hacia adelante","proferir", etcétera. Cristo no solamente habló las palabras de Dios (Juan 8:40-47) sino que él mismo era la Palabra (Logos) (Juan 1:1). La Escritura había confirmado que él vendría como profeta (Deuteronomio 18:15), de modo que tanto sus palabras como sus hechos lo demostraban (Lucas 7:16; 24:19; Juan 7:40; comp. Mateo 21:5; Hechos 7:37).

Más tarde Pedro confirmó este oficio de Cristo, como leemos en Hechos 3:22:

"Moisés dijo a los padres: El Señor nuestro Dios os levantará profeta de entre vuestros hermanos como a mí, a él oiréis en todas las cosas que hable". Tres cosas por lo menos caracterizan a Cristo como profeta:

a. Su autoridad (Mateo 7:29; Juan 3:34-35).

b. Su vitalidad o fortaleza (Juan 4:31-34).

c. Infalibilidad (Marcos 13:31).

2. Sacerdote
Hechos 7:14-16

Nunca fue sacerdote en el orden bíblico mientras estuvo sobre la tierra porque no pertenecía a la tribu de Leví (Hechos 8:4), aunque fue ejemplo de oración e intercesión en favor de los suyos (Marcos 1:35; 6:46; Lucas 5:16; 9:29; 11:1), pero el día estaba por llegar, cuando con características diferentes (habiéndose él mismo ofrecido como víctima por los pecados), se habría de presentar ante el trono de Dios como sacerdote eterno sin más relación con la muerte. Esto es lo que la Escritura denomina como "el orden de Melquisedec" (Génesis 14; Hechos 7:21). Intercede por nosotros ante Dios y aboga en favor nuestro a causa de nuestros pecados (Hechos 7:26-28; 1 Juan 2:1)

3. Rey
Juan 12:13-15

Aunque al presente el reino de Dios existe en forma espiritual (Juan 3:3,5; Romanos 14:17; 1 Corintios 4:20; 6:9), esperamos aun el "reino literal" como comienzo del reino eterno (Juan 18:36; 2 Timoteo 4:1; Hechos 1:8).

El Rey lucirá con hermosura (Isaías 33:17) el cetro universal de la justicia (Isaías 32:1; Salmo 45:6-7). Pero ya que ahora vive en nuestro corazón debemos rendirnos a su señorío, porque de poco vale hablar de un soberano futuro si el reino de Dios dentro de nosotros está vacante (Romanos 10:9; comp. 2 Tesalonicenses 3:5; 1 Pedro 5:6 ss y si el Espíritu Santo no tiene "ahora" dominio de nuestro ser (Efesios 5:5).

CONCLUSION

Antes que pudiera ser sacerdote o rey, Cristo debió pasar por la experiencia de ser víctima y de aprender por la obediencia los caminos hacia la glorificación (Filipenses 2:9-11). Ejercitó la humildad para librar a los humildes y triunfó sobre la muerte para proclamar la victoria. Este, es también nuestro modelo.

BOSQUEJO No. 13

EL SEÑOR JESUCRISTO
Su Muerte I

Aunque era el Cordero de Dios antes de la fundación del mundo, se manifestó en el tiempo "postrero" por amor a nosotros (1 Pedro 1:20).

Teniendo en cuenta algunos nombres que la Biblia dio a su muerte, podemos descubrir el sentido que realmente tenía. Por ejemplo dice que es:

1. La muerte de la cruz
Filipenses 2:8

Según el contexto, podemos descubrir que se trataba de una muerte de condenación a causa de la transgresión por el pecado. Fue la recompensa por el pecado (Romanos 6:23). Es decir que por ser esclavos del pecado nos corresponde la muerte, pero él quiso padecer esa muerte (Romanos 6:21) para rescatarnos de aquel estado de esclavitud (comp. Romanos 7:5,13).

2. La sangre de la cruz
Colosenses 1:20

En este caso, como surge del texto, se evidencia de inmediato la "pacificación". Sabemos que su sangre fue el precio de nuestra paz (Juan 14:27) y tal podemos vivir en paz (Colosenses 3:15).

3. El tropiezo de la cruz
Gálatas 5:11

Se refiere a los prejuicios que tantas veces encontramos las gentes para aceptar la obra de la cruz. El término "tropiezo", en el griego es *"skandalon"* y originalmente el nombre del lugar donde se adhería el cebo en una trampa o trampera (Romanos 11:9).

En el Nuevo Testamento, por lo general, es una metáfora para señalar a cualquiera que produciendo o fomentando el prejuicio, resulte de tropiezo para otros.

Así, como el Mesías había venido por un medio distinto al previsto por los judíos, y su predicación no se ajustaba a la tradición, les resultó un tropiezo, tal como los profetas lo habían preanunciado (1 Pedro 2:8), agravado por la manera de su muerte, que inexplicablemente para ellos, los apóstoles colocaron entre los trofeos principales de su existencia.

Pablo usó el argumento de que los judíos lo perseguían por haber abrogado el rito de la circuncisión, que tenían como muy valioso porque les daba el monopolio de la religión. El apóstol, insistía en que con la muerte de Cristo por todos, el monopolio había concluido.

Si Pablo hubiese insistido en la circuncisión, también él se hubiera unido al monopolio de la religión en contra del evangelio.

Así que él prefirió predicar un evangelio para todos, liberador de todo tipo de ceremonia, en vez que, a causa de la ceremonia, el mensaje quedase circunscripto a unos pocos. Fue la universalidad de la obra del Señor que ofendió a los religiosos que no pudieron tolerar sus mensajeros (1 Corintios 1:23; Gálatas 6:12).

4. La palabra de la cruz
1 Corintios 1:18

Es el mensaje vivo de la "predicación", tanto en el contenido como en su proclamación.

Era el anuncio de Cristo nacido en el mundo y ofrecido como sustituto para ser nuestro Salvador. Por su sufrimiento, cumplió lo establecido en las Escrituras (Lucas 24:26, 46) con profundos dolores físicos (Hechos 3:18; 17:3; Hechos 2:18).

5. La gloria de la cruz
Gálatas 6:14

Pablo se había "identificado" con Cristo en su desprecio. Había comprendido el peligro de la carne (Romanos 7:18, 25) y los estragos que estaba produciendo en los gálatas.

Pablo sentía un gozo íntimo (Romanos 15:17) que comprendía varios aspectos de su vida y de su ministerio. Por ejemplo, la satisfacción de creyentes ganados (1 Tesalonicenses 2:19) a de saber que Cristo volvía (Romanos 5:2), etcétera (2 Corintios 12:1-6; 10:8, 13; 11:10,30). Pero, singularmente aquí se gloría en su identificación con la cruz, porque lo libraba del pecado, de la ley y de él mismo (Gálatas 2:20). Al final del verso 12 muestra el peligro de adoptar formas religiosas para obviar el compromiso con la cruz de Cristo. Pero el tomar para sí este compromiso significaba conocer íntimamente al Señor.

CONCLUSION

El pensar en la muerte, para muchos es causa de angustia y temor ante lo desconocido. Lo que hay después de la muerte ha dado origen a cantidad de especulaciones y supersticiones. ¡Qué diferencia con aquellos que han experimentado el gozo de la salvación en Cristo Jesús!

" El temor se ha convertido en esperanza —Proverbios 14:32

" La pérdida se ha vuelto ganancia —Filipenses 1:21

" La ansiedad y angustia han cedido ante la paz —Isaías 57:2

El pensar en la muerte, permaneciendo en la fe en Jesucristo solo es motivo de gozo, la muerte física se ha convertido en el último umbral que traspasaremos para regocijarnos en la presencia del Señor, en las moradas celestiales (2 Corintios 5:1).

BOSQUEJO No. 14

EL SEÑOR JESUCRISTO
Su Muerte II

Con su sufrimiento y muerte, Cristo cumplió lo que las Escrituras habían declarado (Lucas 24:26) y triunfó sobre el pecado. Afirmó que el grano de trigo que cae en tierra y muere mucho fruto lleva (Juan 12:24), para lo cual se anonadó (hizo pequeño) (Filipenses 2:7), obedeció la ley de muerte (Filipenses 2:8) menospreció la vergüenza (Hechos 12:2).

1. Muerte voluntaria
Hechos 10:9-14

Vino para consumar la obra que, de acuerdo con estos versículos, podría sintetizarse en dos temas que sobresalen. El primero, que sobre los repetidos sacrificios de los hombres el de Cristo aparece como sin igual, y el segundo, que éste fue ofrecido una vez para siempre (Juan 6:38; 10:17-16). Su muerte fue de acuerdo a su deseo en los designios de Dios (Juan 5:30;7:28;8:28,42;14:10).

2. Muerte expiatoria
1 Juan 4:10

Significa que la muerte de Cristo fue una imperiosa necesidad para la eliminación de nuestro pecado (Isaías 53:5,8; Romanos 4:25).

Esta propiciación es el único modo en que Dios nos puede recibir, porque Cristo se colocó entre Dios y nosotros quitando el pecado (Romanos 6:10; 1 Pedro 2:21-24). Con su sacrificio desapareció el oprobio.

3. Muerte misericordiosa
Tito 3:5

La Escritura nos enseña que Dios es rico en misericordia (1 Pedro 1:3). Esta misericordia puesta de manifiesto en la obra expiatoria de Cristo, proveyó el camino de la salvación (Lucas 6:36; comp. 1 Timoteo 1:16; 1 Pedro 3:20; 2 Pedro 3:15).

4. Muerte vergonzosa
Hechos 12:2

El tipo de muerte que sufrió era vergonzosa (1 Pedro 3:18) por ser la cruz la tortura de los malvados, fue crucificado en presencia de todos y junto a malhechores (Mateo 27:38-39). El justo padeció por los injustos para llevarnos a Dios. Pero sobre todo estaba la vergüenza de la maldición por el pecado (Gálatas 3:13) que cargó (2 Corintios 5:21).

CONCLUSION

¿Cómo me afecta la muerte de Cristo? Quizás de tres modos:

1. Murió por mí, lo hizo en mi lugar y me salvó.

2. Lo hizo sabiendo que era el modo de concluir con el pecado y debo aceptarla sin reservas en mi alma.

3. Me deja el ejemplo del precio a la obediencia tanto por el menosprecio como por su fidelidad a los propósitos de Dios.

BOSQUEJO No. 15

EL SEÑOR JESUCRISTO
Su Resurrección I

Sobre la resurrección de Cristo descansan todas las promesas de la Escritura. Es la columna vertebral del testimonio del evangelio (Hechos 2:24; 3:15) y la piedra angular de la doctrina cristiana (1 Corintios 15:14-19). Sus hechos como sus dichos, (Mateo 20:19) hubieran quedado anulados si no hubiese resucitado (Juan 10:17-18).

Tanto el mensaje de la "vida nueva" como el del poder celestial no tendrían valor alguno si esa vida nueva no hubiera surgido de la tumba (Romanos 6:4; Colosenses 3:1). Confirmando esta realidad histórica la Escritura dice que:

1. Resucitó por el poder del Padre (Colosenses 2:12).
2. Resucitó por al autoridad del Hijo (Juan 10:17-18).
3. Resucitó por la obra del Espíritu Santo (Romanos 8:11).

El hecho, con su trascendencia, sirve para confirmar que Cristo es Dios (Romanos 1:4) y para asegurarnos que Dios nos ha aceptado (Romanos 4:25), que aboga por nosotros (Romanos 8:34), y que vuelve nuevamente (1 Tesalonicenses 4:14).

Por ello, es muy importante que aceptemos como válidas las informaciones bíblicas sobre todo cuando nos presentan una buena cantidad de testigos:

1. María – Marcos 16:9
2. Las mujeres que retornaban de la tumba –Mateo 28:9
3. Pedro – Lucas 24:34

4. Los discípulos a Amaús – Lucas 24:31
5. Los apóstoles (Tomás ausente) – Juan 20:19
6. Los apóstoles (Tomás presente) – Juan 20:26
7. Siete pescando – Juan 21:1-11
8. Los once en el monte – Mateo 28:16-17
9. Quinientos hermanos – 1 Corintios 15:6
10. Jacobo – 1 Corintios 15:7 (Primer degollado Hechos 12)
11. Los once, en la ascensión – Hechos 1:11

CONCLUSION

Estos casos con seguridad no fueron los únicos, pero forman un grupo compacto que es suficiente para avalar la enseñanza de las Escrituras. Los apóstoles posteriormente insistieron en haber sido testigos de la resurrección y del poder que de ella emanaba (Hechos 2:32; 3:15; 5:32; 10:39-41).

Predicamos la resurrección y sentimos el poder que imparte. Sin resurrección no hay salvación y nuestra fe está vacía (1 Corintios 12-15). Pero ahora se ha convertido en el eje de nuestra vida

¡Cristo está vivo!, ve, oye y responde a nuestras necesidades.

BOSQUEJO No. 16

EL SEÑOR JESUCRISTO
Su Resurrección II

Porque Cristo es la resurrección y la vida, los muertos, tanto físicos (Lucas 7:14-15; 8:54-55; Juan 11:43-45), como espirituales, oyeron su voz (Juan 5:25). Todavía es "la hora" cuando predicamos la resurrección para que muchos acepten el mensaje y vivan. En un día futuro "todos los que están en los sepulcros la oirán", unos para vida eterna y otros para condenación eterna (Deuteronomio 12:2; Juan 5:29).

Es para nosotros un honor el ser participantes de la resurrección; al sentir la vida nueva descubrimos que:

1. La obra de redención está concluida (Hechos 13:29-30)

2. El triunfo sobre Satanás está verificado (Hechos 2:14)

3. La resurrección de los creyentes está garantizada (1 Corintios 15:20-25)

4. El juicio anunciado está pendiente y es seguro (Hechos 17:31)

Los que quisieron negarla en aquel día (Mateo 28:12-15), como los demás que lo hicieron en el curso de la historia (1 Corintios 15:13; comp. 2 Timoteo 2:18) y hasta nuestros días utilizando argumentos filosóficos o de otro tipo, han fracasado, porque la resurrección vive en nosotros y transforma nuestras vidas.

Fue la gran manifestación del poder de Dios (Efesios 1:19-20) y en consecuencia la victoria sobre la muerte (Romanos 6:9). Ahora tenemos todas las garantías para nuestro encuentro con Dios (1 Tesalonicenses 4:17) por haber sido justificados (Romanos 4:25) y poseídos por el Espíritu Santo.

CONCLUSION

Así como la primavera parece resucitar la naturaleza a la vida, la resurrección de Cristo saca a la luz la vida y la inmortalidad para siempre. La derrota del diablo es el reverdecer a la nueva vida por la potencia del Espíritu Santo. El ataque contra la resurrección es solamente comprensible si pensamos que es la lápida para la sepultura del diablo.

BOSQUEJO No. 17

EL SEÑOR JESUCRISTO
Su Ascensión

La ascensión se produjo cuarenta días después de la resurrección (Hechos 1:3), y fue un acontecimiento que aunque sabido, causó gran conmoción en los apóstoles.

1. La salida
Lucas 24:50-51

No fue una mera desaparición como días antes había sucedido en Emaús (Lucas 24:31) para que no se quedaran con la incógnita de lo sucedido. Ocurrió todo en el marco de una escena con testigos y declaraciones (Hechos 1:9-11). Marcos dice que fue recibido arriba en el cielo, "y se sentó a la diestra de Dios" (Marcos 16:19).

2. Los testigos
Hechos 1:10-11

Tocante al tema Marcos y Lucas se ocupan con cuidado para dar ánimo a los cristianos. Ya El había formulado la pregunta: "¿Pues qué, si viereis al Hijo del Hombre subir adonde estaba primero?" (Juan 6:62), o "Todavía un poco de tiempo estaré con vosotros, e iré al que me envió" (Juan 7:33).

Ya al final de sus días reiteró: "Habéis oído que yo os he dicho: Voy y vengo a vosotros. Si me amarais, os habrías regocijado, porque he dicho que voy al Padre; porque el Padre mayor es que yo" (Juan 14:28; comp. 16:10).

Su meta era dar cumplimiento a la voluntad de Dios, para luego volver a El y compartir la gloria que tuvo antes que el mundo fuera. De modo que el principal testigo de su resurrección lo constituye su propia palabra, luego quienes lo vieron ascender desde Betania y finalmente los "varones con vestiduras blancas" (Hechos 1:10). Pedro estaba seguro de Su exaltación a la diestra de Dios (Hechos 2:33; comp. 5:31), y tanto Esteban como Saulo dieron también sus testimonios (Hechos 7:55-56; 9:3-5,20).

3. Los resultados
Hechos 8:1

El primer resultado es la evidencia del poder de Dios "que operó en Cristo, resucitándole de los muertos y sentándole a su diestra en los lugares celestiales" (Efesios 1:20). Luego, su glorificación tal como leemos en 1 Pedro: "... Dios, quien le resucitó de los muertos, y le ha dado gloria, para que vuestra fe y esperanza sean en Dios" (1:21; Filipenses 2:8-9). Finalmente, la evidencia de su señorío reconocido por las autoridades celestiales: "quien habiendo subido al cielo está a la diestra de Dios; y a él están sujetos ángeles, autoridades y potestades" (1 Pedro 3:22).

CONCLUSION

El mismo énfasis que dieron los apóstoles debe ser nuestro modelo, para ellos la ascensión de Cristo era "el" tema por excelencia, para nosotros como seguidores del mismo Señor no puede ser otro. Pero, nuestras vidas deben estar identificadas con él, con su resurrección, con su victoria para poder hablar de ella con propiedad y experiencia. Si Cristo no vive en nosotros ¿cómo diremos que vivimos para El?

BOSQUEJO No. 18

EL SEÑOR JESUCRISTO
Su Abogacía

El trabajo del abogado nos recuerda el valor y capacidad de la defensa en un juicio. En 1 Juan 2:1 leemos que Cristo es "abogado para con el Padre", rogando por nosotros a causa de nuestras falencias, especialmente cuando hemos pecado.

Es el sumo sacerdote que no está sujeto a las leyes de la muerte como en el caso de Aarón (Hechos 7:21-28) y toda su familia de sacerdotes. Podríamos además recordar otros siervos de Dios que fueron intercesores, como Abraham (Génesis 18:32). Samuel (1 Samuel 7:5; 12:23), Elías (1 Reyes 17:20), Nehemías (1:4-11), Esteban (Hechos 7:60); pero nunca lo hicieron contando con el poder de la resurrección y de la vida eterna.

Podríamos sintetizar en tres sus características sobresalientes:

1. La eficacia de su obra terminada
Hechos 9:27

Por ella, somos aceptados y perdonados. Conoce bien los motivos de la condena y en su resurrección radica nuestra justificación (Romanos 4:25).

2. El valor del nuevo pacto
Hechos 8:12

El anuncio: "nunca más me acordaré de sus pecados y de sus iniquidades" es sumamente alentador, porque demuestra la eficacia de lo que Cristo realizó. La presencia del sumo sacerdote garantiza la vigencia de ese nuevo pacto centrado en él (Hechos 8:6-8; 12:24).

La vida es una expresión de necesidad, sus movimientos internos claman con deseos sin respuesta ¿A dónde acudir? Al sumo sacerdote (Hechos 2:17), sensible y potente que tiene respuestas a nuestro clamor (comp. Salmo 12:5).

La mirada hacia arriba modifica nuestras inseguridades y da contestaciones inesperadas.

3. La confirmación de la respuesta
Hechos 4:14-15

Podemos confiar en la intervención del abogado porque es fiel, no solamente por ser Dios sino porque ama a los hombres y escucha la súplica de los suyos (Hechos 4:15).

Cuando sentimos el alivio del perdón por nuestro pecado, también descubrimos la importancia de la función sacerdotal (Hechos 7:26-28). Gracias a Dios por todas sus respuestas a nuestros perdidos y súplicas.

CONCLUSION

Hace cierto tiempo atrás, me entrevistó un esposo muy acongojado porque su matrimonio se hundía en la bancarrota. Luego de un dramático relato, le dije: "¿Crees que Dios puede salvar tu hogar? Sí, puede ¿Crees que te puede cambiar a ti? Sí, puede". Bueno, vamos a comenzar por tu restauración, vamos a someternos a Dios y a pedir ante su trono de gracia que te cambie ahora mismo.

Lo hicimos, él cambió; luego oramos por el hogar, ¡gracias por el abogado!

BOSQUEJO No. 19

EL ESPIRITU SANTO
Su Persona I

Leemos en Juan 4:24 que "Dios es Espíritu" para explicar que no está sujeto a limitaciones físicas o temporales. Dios, por naturaleza, no tiene obstáculo ninguno de tiempo o espacio.

Pero, además, en las Escrituras leemos del "Espíritu de Dios" (Génesis 1:2; Exodo 31:3; Números 24:2; 1 Samuel 10:10), el "Espíritu de Jehová" (Jueces 3:10; 11:29; 13:25; 14:6; 14:19; 15:14; 1 Reyes 18:12; Isaías 63:14); el "Espíritu Santo (Salmo 51:11; Isaías 63:10-11; Lucas 11:13); el "Espíritu" Salmo 139:7; Ezequiel 2:2; 3:12; Zacarías 7:12; Romanos 15:30; 2 Corintios 3:17-18; etcétera); o también el "Espíritu de Juicio" (Isaías 4:4); de sabiduría (Isaías 11:2); de vida (Romanos 8:2); de adopción (Romanos 8:15); etcétera.

El Espíritu de Dios (Hechos 5:3-5) y por ello Dios es Espíritu. De Dios recibimos su Espíritu (Juan 14:26; 15:26).

Notemos tres características identificatorias:

1. Capacidad
1 Corintios 2:10

Efectivamente tiene inteligencia para investigar y aplicar a los hombres las cosas ocultas de Dios (1 Corintios 2:14). Esto implica que su tarea o trabajo es vital para nosotros (1 Corintios 12:11) porque nos habilita en la comprensión de Cristo (Juan 16:13-15).

El Espíritu es sensible y sensibiliza (Hechos 7:51), es sabio y da sabiduría (Hechos 6:3,10), es soberano y guía nuestros pasos a su voluntad (Hechos 8:29; 16:6-7; Romanos 8:14). En todo demuestra la autoridad de la persona de Dios.

2. Identidad
Juan 14:26

Se le designa con el pronombre personal "El", "El me glorificará" (Juan 16:14). Una influencia o una percepción no es "El" *(gr. ekeinos)*, tampoco podría atribuírsele la presencia y acción directa que produce "el Consolador" (Juan 15:26; 16:7-8, 13) con todas las manifestaciones de abogado personal.

3. Función
Romanos 8:16

Interviene para certificar quienes somos y luego ayudarnos a comprender nuestra posición en Cristo. Interfiere en los planes (Hechos 16:7), distribuye los dones (1 Corintios 12:11) y produce milagros. Sabe quiénes buscan la salvación (Hechos 8:29-31) y vivifica para vida eterna (Juan 6:63).

CONCLUSION

Como Huésped, el Espíritu es muy celoso. Frecuentemente siento —y veo que a otros también le ocurre— que estoy caído y desanimado. Pienso, ¿qué habrá sucedido con el Espíritu? Luego hallo en mi examen faltas, algunas graves, otras no tanto y ruego al Señor perdón. Siento también la restitución de la presencia del Espíritu.

BOSQUEJO No. 20

EL ESPIRITU SANTO
Su Persona II

Grande como es la lista de los nombres dados al Espíritu Santo de Dios, la expresión Espíritu Santo o simplemente Espíritu, sigue siendo cumbre para los cristianos porque indica toda la obra de la gracia en reproche, regeneración y habilitación por sus dones (comp. Salmo 51:11; Isaías 63:10, 11).

El Espíritu Santo preside las actividades en la iglesia (Hechos 15:28) y habla de distintos modos para dirigir la marcha de esas actividades, sea por medio de hombres que escriben (Hechos 1:16) o por los que pronuncian advertencias (Hechos 20:23). Anticipa el futuro de algunos (Hechos 21:11) y separa a los llamados al ministerio (Hechos 13:2).

Por momentos es como viento (Hechos 2:2), porque se mueve con soberanía (Juan 3:8); por momentos como aceite que en quietud unge a los llamados (1 Juan 2:20, 27) para capacitarlos en el trabajo; por momentos es como un río que refresca e inunda a los demás (Juan 7:38-39) o un fuego consumidor que destruye las impurezas para santificación (Mateo 3:12).

El Espíritu Santo es Todopoderoso (Salmo 104:30; Mateo 12:28; Romanos 15:19) y tiene en consecuencia, el honor del Dios eterno.

1. Tiene poder personal
Lucas 4:14

Leemos en Miqueas 3:8 "Mas yo estoy lleno del poder del Espíritu de Jehová, y de juicio y de fuerza..." como la experiencia cumbre del siervo de Dios para cumplir su función. Algo similar leemos en el caso de Zacarías, cuando todos los argumentos habían fracasado (4:6-7). Mas estos no son los casos únicos ni exclusivos donde el poder de Dios intervino para restituir y poner armonía donde hubo caos (ver Génesis 6:3; Exodo 31:3; 1 Reyes 18:12).

2. Tiene autoridad universal
Ezequiel 1:20

El texto de Ezequiel es difícil de comprender y no es nuestra intención explicarlo sino simplemente decir que en medio de una gran confusión (1:4), Dios interviene obrando con su presencia movimientos soberanos de seguridad, hablando a su siervo (2:2) y explicándole sus propósitos definidos (11:24). Esta experiencia es comprensible en otras Escrituras, algunas de las cuales agregamos como ejemplo (Ezequiel 18:31; 36:26; Hageo 2:5), lo mismo ocurre en el Nuevo Testamento (Romanos 8:14; 1 Corintios 2:4).

3. Tiene movimiento propio
Juan 7:38-39

El Señor Jesús le dijo a Nicodemos que "El viento sopla de donde quiere" (Juan 3:8), posee propiedades físicas de movimiento que difícilmente podamos entender (Ejemplo Mateo 7:25; Lucas 12:55; Juan 6:18), pero que obedecen a leyes que los efectos visibles demuestran (1 Corintios 12:11) por los cambios que produce, así es el obrar del Espíritu Santo.

CONCLUSION

Días pasados mantuve una conversación con un hermano amigo mío. Me impresionaron los cambios de mente, de sus conceptos sobre la vida cristiana, su hablar y su sentir espiritual durante la conversación. Me dijo: "Dios me está hablando, el Espíritu está realizando cambios en mi modo de ser".

Gracias a Dios, porque la obra de su Espíritu tiene vigencia perpetua.

BOSQUEJO No. 21

ESPIRITU SANTO
Su Deidad

El Espíritu Santo es Dios. Desde Génesis 1:2 hasta Malaquías 2:15, se pueden observar distintas expresiones que verifican su identidad, de modo que Dios es Espíritu (Juan 4:24) y el Espíritu es Dios (Isaías 59:21).

1. Se lo llama Dios
Hechos 5:3-5

El engaño de Ananías no era solamente una afrenta contra los propósitos de Dios, sino una resistencia al Espíritu. La mentira contra el Espíritu era, según el texto un pecado a Dios (comp. 2 Corintios 3:17).

2. Procede de Dios
Juan 15:26

Si bien este texto dice que procede del Padre, no debemos olvidar Juan 20:22 donde leemos: "Y habiendo dicho esto, sopló, y les dijo" Recibid el Espíritu Santo". Ambas citas juntamente demuestran que procede del Padre y del Hijo, las mismas expresiones dichas del Espíritu con relación al Padre y al Hijo prueban lo que afirmamos (comp. Mateo 10:20; Gálatas 4:6).

3. Posee las características de Dios
Juan 4:24

Es decir, tiene el conocimiento de Dios (1 Corintios 2:11-12) la eternidad de Dios (hechos 9:14; comp. Génesis 1:2) y es omnipresente y omnisciente (Salmo 139:7; Isaías 40:13-14).

El Espíritu vivifica (Ezequiel 37:8-10; Juan 6:63; Apocalipsis 11:11) y crea (Job 26:13; Salmo 104:30). Las personas que han creído al Espíritu han creído a Dios (2 Corintios 4:13) y lo mismo ocurre con quienes lo hayan resistido (Hechos 7:51).

El Espíritu habló por los profetas (Mateo 22:43; Hechos 1:16) y así algunos escritores del Antiguo Testamento dicen que Dios envió su palabra por su Espíritu, (Nehemías 9:20; Zacarías 7:12). En el Nuevo Testamento se nos aclara que los "santos hombres de Dios hablaron siendo inspirados por el Espíritu Santo" (2 Pedro 1:21).

El Espíritu Santo gobierna (Números 11:26-29), vence (Zacarías 4:6), regenera (Juan 3:5-6) y capacita (Exodo 31:1-5; Números 27:18-19).

CONCLUSION

Uno de los atributos sobresalientes del Espíritu es su voz, la misma que habló a los profetas y que ahora nos habla para enseñarnos sus caminos, mostrarnos su voluntad, consolarnos en la tristeza y moderarnos en la prosperidad.

BOSQUEJO No. 22

EL ESPIRITU SANTO
Sus Atributos

Uno de los modos más aconsejables para descubrir los atributos del Espíritu Santo es estudiar los nombres que tiene en la Escritura.

Veamos los más destacados:

1. Los siete Espíritus de Dios – Perfección – Apocalipsis 1:4; 3:1.

2. El Espíritu eterno – Eternidad – Hechos 9:14.

3. El Espíritu de gloria – Gloria – 1 Pedro 4:14.

4. El Espíritu de vida – Vida Eterna – Romanos 8:2.

5. El Espíritu de santidad o Espíritu Santo – Santidad – Isaías 63:10; Romanos 1:4.

6. El Espíritu de sabiduría – Conocimiento – Exodo 28:3. Espíritu de conocimiento.

7. El Espíritu de verdad – Verdad – Juan 14:17.

Ya tenemos la base para continuar nuestra investigación. El Espíritu que se movía sobre la faz de las aguas (Génesis 1:2) es Omnipresente, como lo es en el Salmo 139:7: "¿A dónde me iré de tu Espíritu? (comp. Isaías 4:4).

En Romanos 15:19 leemos de los prodigios y señales efectuadas por el poder del Espíritu (comp. Zacarías 6:1-8) que nos muestran su omnipotencia, que juntamente con su omnisciencia, porque "escudriña lo profundo de Dios" (1 Corintios 2:10), son atributos intransferibles de su personalidad, a los que podemos agregar:

1. Sus actos soberanos
Isaías 40:13-14

Nos referimos a la capacidad de actuar sin equivocarse o desviar los propósitos (comp. Romanos 11:34; 1 Corintios 2:16). Porque tiene sabiduría perfecta (Isaías 11:2), y puede sorprender a los paganos más adversos (Deuteronomio 4:8; 5:11).

2. Sus creaciones inimitables
Romanos 8:11

Por siglos los hombres han trabajado sobre la posibilidad de crear vida, pero han fracasado. Solamente el Espíritu puede hacerlo (Ezequiel 37:14) porque es su función crear la vida (Apocalipsis 11:11). Nadie puede imitarlo (Job 33:4).

3. Sus juicios terminantes
Números 24:2 ss

Es muy extraño lo que sucedió con Balaam y el modo en que el Espíritu Santo intervino con Saúl (1 Samuel 16:14), pero sí vemos con claridad cómo sus juicios no admiten discusión (Mateo 12:31-32; Lucas 12:10; Hechos 5:3-5) y se cumplen inexorablemente.

CONCLUSION

Luego de estudiar los atributos del Espíritu, queremos destacar que es el Espíritu que Dios quiso que estuviera con nosotros "para siempre" (Juan 14:16). Es decir, todo el tiempo de nuestra peregrinación. Sus actos soberanos también deben verse en nosotros porque es el mismo hoy y siempre.

BOSQUEJO No. 23

EL ESPIRITU SANTO
Su Obra I

1. El poder generador
Salmo 33:6

"Por la palabra de Jehová fueron hechos los cielos, y todo el ejército de ellos por el aliento (espíritu) de su boca".

Este versículo es similar al de Génesis 1:2: "El Espíritu de Dios se movía sobre la faz de las aguas", poniendo el toque final sobre la creación. El mismo poder aplicado al inconverso "lo convence" (Juan 16:8) y regenera (Tito 3:5) en una nueva creación (Juan 3:5). Lo que puede considerarse como su obra cumbre, es la creación de la humanidad de Cristo. El Verbo "fue hecho carne" cuando siendo eterno tomó forma humana (Lucas 1:35).

2. La fuente de inspiración
Exodo 31:3

"Y lo he llenado del Espíritu Santo de Dios, en sabiduría y en inteligencia, en ciencia y en todo arte".

Este versículo nos muestra que por lo menos la capacitación del Espíritu debería dividirse en dos secciones:

a. General

¿Por qué esta división? porque es evidente que personas como Bezaleel y Aholiab recibieron una visión y capacidad especiales para construir los utensilios del tabernáculo (Exodo 35:35). Otro tanto podríamos decir de varios de los jueces (6:34; 11:29; etcétera); de Saúl (1 Samuel 11:6); de David (1 Samuel 16:13); etcétera.

También observamos que a muchas otras personas tomó individualmente para realizar trabajos importantes y mostrarles su voluntad en momentos determinados.

b. Particular

Nos referimos esencialmente a la inspiración de las Sagradas Escrituras. Estas tienen su origen en Dios y según los santos hombres fueron inspirados por el Espíritu Santo escribieron movidos por su poder (2 Pedro 1:20-21).

Los mensajes que muchos siervos de Dios recibieron (2 Crónicas 24:20) para transmitir (Números 11:29; 2 Crónicas 20:14-15; Isaías 59:21) quedaron impresos en las Sagradas Escrituras.

El Espíritu de Cristo habló por medio de los profetas (1 Pedro 1:11) para que produjeran la palabra de Dios (Miqueas 3:8; comp. Deuteronomio 13:1-5; 18:20; 2 Samuel 23:2; Amós 3:8). Así las Escrituras se convirtieron, por la acción del Espíritu (Hechos 4:25), en la palabra de Dios viva y eficaz (Hechos 4:12). Estas Escrituras son verdaderas (Salmo 119:142) en todo lo que dicen tal como Cristo lo indicó en su oración: "tu palabra es la verdad" (Juan 17:17).

También descubrimos que el Nuevo Testamento está repleto con alusiones a la manifestación del Espíritu, confirmatorias de que deben morar en nosotros (1 Corintios 2:4-11) como revelación de Dios (Hechos 7:38). Por esta causa, las Escrituras son infalibles, no solamente por su origen (Dios) sino también por el modo en que han llegado hasta nosotros. Son la voz de Dios para nosotros (Mateo 9:4; Hechos 13:34-35) y por consiguiente no deja lugar a dudas la veracidad e inerrancia de las mismas.

CONCLUSION

Es el Espíritu Santo quien obra en nosotros cosas magníficas, es el que transforma, entusiasma y alimenta. Esto me recuerda un incidente mientras compartía un panel en un retiro de obreros cerca de Los Ángeles. El tema había avanzado y retrocedido varias veces en la metodología de la enseñanza y el Espíritu comenzó a tensarse por la posición de uno de los participantes que agriamente enviaba misiles tierra-tierra en contra del poco deseo por parte de los hermanos y la apatía, que especialmente los jóvenes, mostraban a los temas bíblicos. Yo me mantenía en silencio mientras pensaba en lo poco que a veces se suele apreciar la obra del Espíritu y sus capacidades para aplicar las enseñanzas.

De pronto el moderador me dijo: "Raúl, ¿qué haría usted con los que no quieren recibir alimento?"

"Hermano" —repliqué— yo cambiaría el pastor por un veterinario, porque lo normal es que las ovejas quieran comer. El Espíritu debe producir sanidad y conducirlas a la normalidad.

Creo que esta respuesta fue un poco dura, pero resultó eficaz para despertar el debate hacia una vida de dependencia.

BOSQUEJO No. 24

EL ESPIRITU SANTO
Su Obra II

Proponemos en este estudio cuatro actividades importantes del Espíritu Santo, a saber:

1. Reprochar
Juan 16:7-11

Esta función también es triple, según los textos citados, y no son sino una forma de comprensión a lo que Cristo hizo.

Este triple convencimiento es el método divino para vencer los mecanismos que Satanás ha puesto sobre el incrédulo para que rechace la voz del mensaje. Es el examen autoritativo e incuestionable a su poder de juicio (ver Juan 3:20; Efesios 5:13) que antecede al castigo (1 Timoteo 5:19-23; Tito 1:9) y que muchas veces conduce a la restauración.

El reproche del Espíritu es la típica historia de todo el Nuevo Testamento, no solamente por lo que hizo el Señor Jesús (Juan 3:19-21), sino por lo ocurrido desde Pentecostés (Hechos 2:12, 16-18) hasta el presente.

Cuando el Espíritu reprocha de pecado es porque está indicando la gravedad de la caída (Romanos 3:22-23; 5:14) y rechazamiento del Salvador (Juan 8:21; 9:41). De justicia, porque Cristo fue ofrecido por el pecado y aceptado por el Padre, y aún no ha sido reconocido por el pecador. Jesús recibió una tarea para realizar y con su ascensión demostró que esa tarea fue concluida.

Así como el Espíritu enseña que el pecado es más que una simple falta, también demuestra que la justicia es muy distinta a lo que entienden los hombres que la relacionan con actos externos o resoluciones humanas (Mateo 5:20; 6:33; Romanos 3:21-24). Para El era: "Yo voy al Padre", Cristo en la presencia de Dios fue la última actividad para completar su obra vicaria.

Finalmente, el diablo que había desplegado todo su potencial en contra de Cristo, había sido juzgado y hallado falto de capacidad para la lucha que se avecinaba. La victoria estaba ya consumada (Juan 13:31; Colosenses 2:14-15; Hechos 2:14) y por el Espíritu Santo sigue siendo nuestra en Cristo Jesús.

2. Regenerar
Tito 3:5

El término regeneración se utiliza de varias maneras en el Nuevo Testamento. En Tito 3:5, implica la comunicación de vida nueva por medio de dos elementos indispensables que son: la Palabra (1 Pedro 1:23) y el Espíritu Santo (Juan 3:5-6).

Este impartir nueva vida, entonces, es la actividad reservada para el Espíritu Santo (comp. 2 Corintios 5:17). Cristo vino para dar vida en abundancia (Juan 10:10). En Mateo 19:28, la "regeneración" tiene el sentido de restauración de todas las cosas (Hechos 3:21), que seguramente apunta a la segunda venida de Cristo.

3. Iluminar
Efesios 1:17-18

Además de inspirar a los escritores de las Sagradas Escrituras, el Espíritu también ilumina a los lectores para que comprendan lo que está escrito. Manifiesta todo lo que Cristo ha hecho, como método para guiarnos a toda la verdad y mostrarnos el futuro (Juan 16:13). Por la posición que ocupa en el corazón del creyente, le imparte directivas que le permiten cumplir la voluntad de Dios (1 Corintios 2:9-10)

4. Sellar
Efesios 1:13

Tal como el versículo lo dice, el día de la conversión, Dios produce el milagro de poseer al que cree, por este sello, también conoce a los que son suyos (2 Timoteo 2:19). Esta garantía es de Dios (2 Corintios 1:22) y también está vinculada a nuestra salida definitiva del mundo (Efesios 4:30).

CONCLUSION

La Biblia dice que Dios nos dio a Cristo (Juan 3:16) como el don inefable, y también leemos del "don del Espíritu" (Hechos 2:38). Por esta causa somos deudores (Romanos 8:12), no porque podamos pagar, sino porque Dios espera que vivamos como suyos, llenos del Espíritu, en santidad y en verdad.

BOSQUEJO No. 25

EL ESPIRITU SANTO
Su Obra III

Cuando aceptamos a Cristo, el Espíritu comienza su obra y manifestación. Varias de sus actividades dependen de nosotros, otras no.

1. Bautiza
1 Corintios 12:13

Es la unión de los creyentes o miembros en un cuerpo y el fortalecimiento de todos en Cristo. El poder de Dios se manifiesta en nosotros con unidad en la diversidad según la operación de su energía (1 Corintios 12:3-9). El bautismo identifica a cada creyente con Dios y con sus hermanos, le da fortaleza para el testimonio y la vida (Hechos 4:31).

2. Unge
1 Juan 2:27

Pertenecemos a Dios y los deseos de El queremos cumplir (Romanos 8:9). Es Espíritu que vivificó nuestras almas, es la garantía para la resurrección de nuestros cuerpos (Romanos 8:11). El mismo Señor dijo de sí mismo: "El Espíritu del Señor está sobre mí, por cuanto me ha ungido para ...", (Lucas 4:18). Posteriormente, dos veces en Hechos leemos de su ungimiento para trabajar en las obras de Dios (Hechos 4:27; 10:38).

Si nosotros vivimos en el Espíritu sentiremos el poder de su unción (2 Corintios 1:21; comp. Levíticos 8:12; 1 Samuel 16:12-13; 1 Reyes 19:16) y la capacidad para cumplir sus planes. Recordemos que los profetas, sacerdotes y reyes del Antiguo Testamento también fueron ungidos y fortalecidos para el servicio (Levítico 4:3; 1 Samuel 2:10; Salmo 2:2). El Señor realizó una tarea inmensa como el ungido de Dios.

2. Intercede
Romanos 8:26-27

Mucho podríamos comentar sobre este ministerio del Espíritu Santo, pero el gemido interior es privado e íntimo en cada cristiano que aprendió a orar en el Espíritu (Efesios 6:18; Judas 20). La nota clave es "orar conforme a la voluntad de Dios", es decir el "tu voluntad sea hecha" que aprendieron los discípulos, o como posteriormente lo dijera el Señor: "No lo que yo quiero, sino lo que tú" (Marcos 14:36).

El Espíritu auxilia nuestra débil fe para que fortalecidos con su poder, reconozcamos su ayuda en nuestras súplicas, aprobando su presencia y dejándole actuar (comp. 2 Corintios 12:7-10).

4. Consuela
Hechos 9:31

No solamente lo hace porque está en nosotros en calidad de Consolador (Parakleto), sino porque imparte, dones que compartimos para la edificación mutua (Romanos 1:11-12).

Juan, le denomina "el" consolador porque está a nuestro

lado para ayudarnos (Juan 14:16; 15:26; 16:27) y con seguridad podemos hacer extensiva la función consoladora del Espíritu a toda nuestra vida cristiana (Filipenses 2:1; Colosenses 2:2; 4:8; 1 Tesalonicenses 5:14, 2 Tesalonicenses 2:16-17).

CONCLUSION

Cada acto de nuestro servicio debe contar con la operación del Espíritu, si no es así no llevamos gloria para Dios y tampoco su aprobación. Debe dirigirnos, controlarnos y guiarnos para que nuestro ser sea espiritual.

BOSQUEJO No. 26

EL ESPIRITU SANTO
Su Obra IV

De las variadas manifestaciones del Espíritu Santo, tres llaman a la atención:

1. Santifica
1 Pedro 1:2

Solamente el Espíritu Santo separa para el Señor, y a esta actividad la conocemos como santificación. Al aceptar a Cristo pasamos a formar parte de su cuerpo (2 Tesalonicenses 2:13), separados del mundo para una función nueva. También somos piedras vivas en el edificio de Dios (Efesios 2:20-22).

Gracias a Dios, Cristo pagó una vez para siempre por la incorporación de todos los miembros (Hechos 10:14-17) sean judíos, gentiles, siervos o libres, varón o mujer (1 Corintios 12:12).

Luego, debemos vivir como miembros del cuerpo para honrar a la cabeza y glorificar su nombre.

Esta es la santificación práctica y progresiva a la cual Dios nos ha llamado (1 Tesalonicenses 4:3 y 7; leer Romanos 1:4; 6:22; 1 Timoteo 2:15).

El poder santificador del Espíritu debe quemar como fuego y limpiar todo nuestro ser para conformarlo a la voluntad de Dios (Hechos 12:14).

2. Fortalece
Hechos 9:31

Sin el poder del Espíritu nuestro testimonio es vano (Gálatas 3:2-5).

Necesitamos toda la potencia divina para testificar acerca de la verdad (Hechos 1:8; 6:8) Y, por gracia de Dios mediante la fe, el Espíritu está a nuestra disposición. El Espíritu que da testimonio a nuestro espíritu también potencializa la predicación (1 Tesalonicenses 1:5) y glorifica a Dios por nuestras palabras y hechos (Romanos 15:19).

3. Reparte dones
1 Corintios 12:1,4-11

Los da "a cada uno" (Efesios 4:7) conforme a su voluntad y para edificación, de acuerdo a la ubicación que tenemos en el cuerpo de Cristo. Por medio de los dones equipa a los cristianos para realizar la obra del ministerio (diaconado) (Romanos 12:6; 1 Corintios 1:7; 12:4,9,28,30-31; 1 Timoteo 4:14; 2 Timoteo 1:6).

Es la estupenda provisión para la edificación y desarrollo de los miembros del cuerpo (Romanos 12:4-8) para mantener la unidad en medio de tanta diversidad. Los dones también permiten que el ejercicio de la autoridad sea efectiva porque son canales para la administración de la multiforme gracia de Dios (1 Pedro 4:10-11). Los cristianos revestidos de poder y autoridad son los que con efectividad alaban a Dios y llevan adelante su nombre en un mundo hostil (1 Pedro 2:9).

CONCLUSION

La Biblia nos enseña que lo que es nacido de la carne, es carne; lo que es nacido del Espíritu, espíritu es (Juan 3:6). Educar el hombre viejo es refinar, proveer para la carne; en cambio, cultivar la vida del Espíritu es prepararnos para agradar a Dios y triunfar en la experiencia cristiana.

BOSQUEJO No. 27

EL ESPIRITU SANTO
Su Obra V

Toda la vida cristiana está relacionada con el Espíritu Santo, por ello la advertencia de ser "llenos del Espíritu" (Efesios 5:18) es importantísima. Sin este "indispensable", nuestro trabajo carecería de poder y de la aprobación de Dios. Se puede trabajar mucho (Apocalipsis 2:3) y no tener la unción del Espíritu, en cuyo caso el trabajo es vano.

El Espíritu Santo que ayuda (Romanos 8:26), consuela (Hechos 9:31) y educa (Juan 14:26; 16:13-15) también testifica de Cristo (Juan 15:26), escudriña las cosas de Dios (Romanos 11:33-36) y da gozo (1 Tesalonicenses. 1:6).

El Espíritu Santo que mora en nuestros corazones (2 Corintios 1:22; 2 Timoteo 1:7) como don de Dios (charisma), tiene grandes funciones que realizar, de modo que los miembros de Cristo sean santos, llenos de poder y poseedores de la garantía de Dios.

1. La certidumbre del Espíritu
Romanos 8:16

Gracias debemos dar al Señor porque ha puesto en nuestro interior la certeza de la vida, de modo que no creemos ya en nuestras fuerzas sino en lo que él puso, es decir, la vida eterna.

El Espíritu "certifica" nuestra pertenencia a Dios (Hechos 15:8) y hace que sintamos la purificación por la fe, que "garantiza" nuestra comunión (1 Juan 3:24) mutua y con el Señor. Ciertamente que así nuestra vida cristiana tendrá otra dimensión en "potencia" de conducta para evitar el temor, el desequilibrio y toda otra cosa que se oponga al dominio propio que debe caracterizar nuestro testimonio (2 Timoteo 1:7).

Naturalmente, dentro del fortalecimiento está también el avance (Efesios 3:16-20), que es la dicha de ir adelante con el gozo de la plenitud. Así, la esperanza se "confirma" (Romanos 5:5) más y más, como si cada día pudiéramos "tocar" la voluntad de Dios y con ella avanzar mirando la venida del Señor.

Por todo esto estamos persuadidos que el Espíritu Santo "asegura" nuestro destino, y tal como lo leemos en la Biblia, quisiéramos "ser revestidos para que lo mortal sea absorbido por la vida" (2 Corintios 5:4-5). ¡Gracias a Dios por la certidumbre del Espíritu Santo!

2. La docencia del Espíritu
Juan 16:12-15

El Espíritu Santo tiene como función vitalicia el revelarnos los propósitos de Dios (1 Corintios 2:9-10). Tiene muchos métodos para hacerlo, y esta sustancia que les enseña a los apóstoles y que hallamos en las Escrituras, es la que hoy nos expone constantemente (2 Pedro 3:2; Judas 17). Pero necesitamos de su iluminación para conocer lo que nos quiere decir y aplicarlo a nuestra vida diaria (Efesios 1:17-18) para vivir gozosamente la voluntad de Dios.

CONCLUSION

El Espíritu Santo habita en cada creyente, quien ha sido sellado por él (Romanos 8:9; Efesios 1:13), mora en el corazón de cada persona verdaderamente convertida con todo su poder, tanto para vivir una vida de santidad como de servicio. Ser llenos del Espíritu Santo depende de nuestra actitud frente al Señor, si no le honramos, si no le obedecemos, si no vivimos cerca de El cada día, si no nos preocupamos por limpiarnos de las manchas que el mundo nos deja en nuestro peregrinar, no podemos esperar ser llenos del Espíritu Santo.

Juzguémonos cada día, examinémosnos cada día y discernamos cuanto predominio del yo y la carnalidad hay en nuestras vidas y quebrantemos nuestro corazón con lágrimas de arrepentimiento delante del Señor y el gozo y el poder del Espíritu serán evidentes en nuestra vida de victoria.

BOSQUEJO No. 28

EL ESPIRITU SANTO
Su Obra VI

La vida cristiana tiene solamente importancia, poder y victoria cuando seguimos las normas del Espíritu. Romanos 8:5-7, presenta el plan del Espíritu contrapuesto al de la carne. Dice que los que son del Espíritu deben ocuparse de las cosas del Espíritu que es "vida y paz". Tristemente, entonces los que no pueden vivir ocupados en el Espíritu, desconocen el valor de la vida y de la paz. La rendición de nuestro ser, de nuestro yo, al Señor nos traerá consecuencias grandes e inefables. Notemos:

1. La guía del Espíritu
Gálatas 5:18

Para hallar la guía del Espíritu debemos depender constantemente, de Dios. Significa que con deseo e inteligencia se somete a lo que el Espíritu dice y por su poder propone.

Es en las Escrituras donde encontramos la voluntad de Dios a la que debemos acatar (Efesios 5:17; 6:6; 1 Tesalonicenses 4:3; 5:18; Hechos 10:36; 1 Pedro 3:17; 4:2). Debe expresarse, en consecuencia, por los dones que El mismo crea para producir esta experiencia. Nuestra propia irrupción carnal estorba muchas veces el que así sea, dejando un vacío en la experiencia de la fe (comp. Romanos 8:14).

2. El fruto del Espíritu
Gálatas 5:22-23

Es el resultado de la vida espiritual en acción. El fruto no puede ser imitado ni reemplazado (Mateo 7:16-20; 12:33), tal como es fácil comprender al leer Romanos 8.

Cada árbol lleva su propia sabia de acuerdo a su naturaleza (Juan 15:1-5), nosotros tenemos la naturaleza de Dios y producimos el fruto de la nueva vida (Romanos 6:21-22).

Según el texto de Gálatas que leímos, tiene nueve partes y descansa sobre el andar por la fe que Dios nos propone (Gálatas 2:20; Filipenses 1:21). De El fluye el amor (1 Juan 4:12); el gozo (Hechos 13:52; 1 Juan 1:4); la paz (Romanos 8:6; 14:17); la paciencia (Efesios 4:2-3; Colosenses 1:11); la benignidad (Colosenses 3:12; 1 Tesalonicenses 2:7); la bondad (Efesios 5:9; 2 Tesalonicenses 1:11); la fe o quizás fidelidad (Efesios 6:21; Colosenses 1:7; 1 Timoteo 1:12); la mansedumbre o carácter humilde (Efesios 4:2; 1 Pedro 3:15); la templanza o autocontrol (2 Pedro 1:5-7). En la expresión o manifestación de estas cosas descansa el poder de la nueva vida.

3. La sensibilidad del Espíritu

Es muy importante que estudiemos e imprimamos en nuestro ser que el Espíritu es muy celoso de nosotros. Por lo menos podríamos anunciar seis errores a los que es sensible.

a. Mentimos al Espíritu cuando actuamos deshonestamente (Hechos 5:1-5).

b. Resistimos al Espíritu cuando ignoramos las enseñanzas bíblicas (Hechos 7:51).

c. Afrentamos al Espíritu cuando desechamos el valor de la sangre de Cristo (Hechos 5:9).

d. Tentamos al Espíritu cuando hacemos arreglos fuera de su voluntad (Hechos 5:9).

e. Contristamos al Espíritu cuando mantenemos actividades dirigidas por la carne (Efesios 4:30-31).

f. Apagamos al Espíritu cuando rechazamos la voluntad de Dios (1 Tesalonicenses 5:19-20).

Aunque algunos de estos pecados están directamente relacionados con los incrédulos, nos aterra pensar que muchos cristianos no busquen más del Señor como para no hacer nada que dañe o atente contra la armonía y libertad de una vida sujeta a la voluntad y guía del Espíritu Santo.

CONCLUSION

Podemos hablar del Espíritu con argumentos bíblicos, y aun estar haciendo cosas que no tienen nada en común con él. Podemos invocar el Espíritu y aún no disponer de su poder y su unción.

BOSQUEJO No. 29

LAS SAGRADAS ESCRITURAS
Sus Características

Biblia significa "libro", pero por "La Biblia" distinguimos al libro incomparable que es la palabra de Dios. Es en sí misma infinita y ninguna mente humana puede comprender enteramente todo lo que dice. Tiene características propias de su inspiración e infalibilidad. Aunque simple, es difícil, aunque escrita por hombres, es inspirada por Dios (2 Timoteo 3:16).

1. Características de la Biblia

En primer lugar es el libro de Dios, así como Adán vino a ser un alma viviente por el soplo de Dios, también lo es la Biblia. La inspiración es la influencia sobrenatural del Espíritu de Dios en la mente humana por la cual los profetas, los apóstoles y los escritores sagrados en general fueron preparados para escribir, sin error de ninguna índole, lo que Dios les mostraba.

Lo hizo con los escritores del Antiguo Testamento así como con los del Nuevo (Hechos 1:1-2; 1 Pedro 1:10-12). Son verdaderamente Sus pensamientos puestos en forma de libro al alcance de los seres humanos (Hechos 7:38; Romanos 3:2). Cada autor mantiene su propia característica, solamente que el Espíritu lo ayuda a escoger el vocabulario propio, evitando la comisión de faltas.

Cada uno conserva así su estilo, y método al emplear sus propias facultades en la composición de los escritos bajo la supervisión del Espíritu. En consecuencia, conserva la infabilidad y la unidad del Espíritu.

2. Peculiaridades de la Biblia

De las leyes de Hermenéutica que se aplican a las Escrituras, quisiéramos destacar algunas muy sencillas, que son:

A. La Biblia es un libro de poder (Hechos 4:12)

Como la palabra de Dios tiene el poder de Dios, es él mismo que actúa, habla, convence y purifica (Salmo 119:9). Al practicarla diariamente (Santiago 1:22) sentimos la purificación que produce (Salmo 12:6) y el crecimiento gracias al sustancioso alimento que proporciona a nuestras almas (1 Pedro 2:2).

B. La Biblia es un libro con origen (2 Timoteo 3:16)

En 1 Corintios 2:12, leemos: "Y nosotros no hemos recibido el espíritu del mundo, sino el Espíritu que proviene de Dios, para que sepamos lo que Dios nos ha concebido". Así, las palabras de Dios pueden ser conocidas únicamente por el Espíritu que las enseña y acomoda lo espiritual a lo espiritual (1 Corintios 2:13).

Pablo decía con esto, que las palabras que usaba eran las del Espíritu Santo. Dios es el origen de la Escritura y los escritores los instrumentos del Espíritu (ver Mateo 1:22; Marcos 12:26; Hechos 28:25-26). Es el libro de Dios porque se cumple la profecía que contiene (Deuteronomio 18:18-22).

C. La Biblia es un libro con mensaje (1 Juan 1:5)

Su propósito es presentar la salvación de Dios (Hechos 10:36). Por todas partes donde el hombre aparece entra el pecado, la ruina, el juicio, en cambio Dios provee salvación y vida eterna.

La palabra lava (Juan 15:3; Efesios 5:26), regenera (1 Pedro 1:23,25), engendra (1 Corintios 4:15), guarda del pecado (Salmo 119:11) y produce luz para el camino (Salmo 119:105).

Al leer y creer la Biblia, hemos elegido el camino de la salvación, preservación y vida eterna. La persona central es Cristo mismo, quien las tomó y aplicó a los grandes eventos de la historia (Mateo 4:4; 5:17-18; 22:43; 26:54; Juan 5:39; Juan 5:46-47).

3. Usos de la Biblia

Siendo el libro de Dios, vale par todas las circunstancias de la vida. Por él aprendemos que Dios nos ama y quiere salvarnos (Juan 3:16), aprendemos la negrura del pecado (Romanos 3:23) y el castigo que acarrea, (Romanos 6:23). Nos explica cómo es la salvación eterna y la esperanza de gloria (1 Pedro 1:1-8).

La Biblia nos consuela en nuestras aflicciones (2 Corintios 4:17), nos ayuda cuando vemos las injusticias (1 Pedro 2:19-23) y sostiene en la tentación (1 Corintios 10:13). La Biblia provee camino (Proverbios 3:5) e indica el sendero hacia el descanso para nuestras almas.

CONCLUSION

Siendo joven asistí a un episodio interesante. Un predicador fogoso anunciaba en una esquina el mensaje del evangelio, un buen grupo asistía y otro se aproximaba para oírle con atención.

De pronto irrumpió un opositor y dijo: "La Biblia está llena de contradicciones". Antes que pudiera continuar, el predicador le respondió: "Aquí tiene una" —alcanzándole la que tenía en la mano —"búsqueme una".

La predicación siguió, y el intruso confundido, luego de ojear el libro desconocido para él optó por devolverlo y retirarse.

Sí, la Biblia que ilumina a los sencillos, hace tropezar a los ignorantes.

BOSQUEJO No. 30

LAS SAGRADAS ESCRITURAS
Consideraciones básicas

1. Definiciones

A. Revelación – Es la mente de Dios comunicada al hombre (Efesios 3:1-5).

B. Inspiración – Es la guía para escribir su palabra (2 Pedro 1:20-21)

C. Iluminación – Es la luz, la claridad que el Espíritu Santoproporciona para comprender la palabra de Dios (1Corintios 2:9-16)

D. Interpretación – Es el descubrimiento del significado de la Escritura (Nehemías 8:8)

2. Revelación
La Palabra comunicada

Porque habló a los hombres y los profetas del Antiguo Testamento e hizo lo mismo con los del Nuevo Testamento (1 Pedro 1:10-12; 2 Pedro 1:19)

Porque manifestó sus deseos en forma completa llamada oráculos (Hechos 7:3-8; Romanos 3:2; Hechos 5:12; etcétera). Estos son infalibles y libres de error en sus originales (Deuteronomio 18:19-22; Hechos 2:1-4) y porque expuso sus planes en forma de instrucción (Salmo 19:7-11, 1 Corintios 2:4-16).

3. Inspiración
La Palabra escrita

A. Instrumentos – "santos hombres"– 2 Pedro 1:20

B. Método – revelación – 2 Samuel 23:2; Romanos 16:25

C. Interpretación – literal en primer lugar – 2 Pedro 3:2

D. Preservación – completa para todo el tiempo – Isaías
40:8; Mateo 24:35

E. Confirmación inviolable – Juan 10:35; Hechos 6:17

F. Capacidad infinita – Lucas 24:44

B. Precisión – al detalle – comp. Hageo 2:6 con Hechos
12:27– por una frase.

Salmo 82:6 con Juan 10:34 – por una afirmación.

Génesis 22:18 con Gálatas 3:16 – por una palabra.

CONCLUSION

Dijo Moddy acerca de la Biblia: "Yo sé que es inspirada porque me inspira a mí".

Por otra parte uno de los grandes Brahamanes de la India dijo a un misionero: "Si ustedes los cristianos de la India, o de cualquier parte del mundo, fueran como su libro, conquistarían la India en cinco años.

BOSQUEJO No. 31

LAS SAGRADAS ESCRITURAS
Su Revelación

La revelación es el acto por el cual Dios nos comunica Sus propósitos que de otro modo permanecerían desconocidos. En una evaluación correcta, debemos admitir que el razonamiento no es el camino para conocerla, sino la guía divina (Efesios 3:1-5).

1. Dios manifiesta sus planes

Por medio de la revelación comunica la verdad a los humanos. El mismo apareció en le hurto de Edén (Génesis 2:15-17) y a partir de allí por distintos medios y métodos (Hechos 14:15-17), se ha manifestado en el corazón de los hombres, tal como Pablo lo expresa a los atenienses (Hechos 17:27).

2. Dios se vale de métodos

Lo primero que advertimos es que Dios se revela por medio de la creación (Salmo 19:1-6). Es la manera natural de expresar su grandeza y su poder. Aunque de valor restringido (Romanos 1:19-20; 8:22-23) por no tener relación directa con la redención, nos llena de asombro y admiración, la humanidad no tiene excusa para dejar de reconocerla como obra de Dios.

También contamos con "su" providencia, o sea "su" dirección para que "su" programa se cumpla a través de la historia. Aunque no tenemos un vocablo en la Escritura que la traduzca, el dar alimento a toda carne (Salmo 136:25) o el encauzar las vertientes de las aguas (Salmo 104:10), forman parte de ella.

Otro ejemplo, sería la imagen de Nabucodonosor y su interpretación como muestra de la intervención divina en la historia (leer además Deuteronomio 7:1-28; 9:24-27; Oseas 3:4-5; Romanos 11:13-29; 2 Tesalonicenses 2:1-12). Por otro lado, Dios conserva las cosas con la palabra de su poder (Hechos 1:3), por eso nos movemos y somos (Hechos 17:28) y la historia sigue su curso (Isaías 46:10-13).

3. Dios irrumpe en las vidas

De esto tenemos enorme cantidad de ejemplos. Utilizó métodos interesantes como sueños (Génesis 31:10-14; Jueces 7:9-14), visiones (Isaías 6:1; Ezequiel 1:1-5; Deuteronomio 10:7; Hechos 9:7; 10:9), teofanías (Génesis 16:7-13; Josué 5:13-15), las profetas, como transmisores de la palabra que recibían (Deuteronomio 18:18; 1 Samuel 15:10; Jeremías 1:9; Ezequiel 2:3-4; 2 Pedro 1:21; etcétera) y Urim y Tumim (Números 27:21; Deuteronomio 33:8).

Fueron también notables las comunicaciones "de emergencia" mantenidas de persona a persona, como en el caso de Moisés (Número 12:8; Deuteronomio 34:10) pues revelan la atención de Dios a los detalles que interfieren sus propósitos (comp. Génesis 14:18-20; 24:27).

4. Dios se encarna en Cristo

La teofanía alcanzó su máxima expresión con el descenso de Cristo, engendrado por el Espíritu Santo (Juan 1:14; Gálatas 4:4; Colosenses 1:19; 2:9). Es el mismo Espíritu que engendra a Cristo en nuestras vidas (Gálatas 1:15-16; 1 Timoteo 3:16).

Así Cristo, que es el unigénito del Padre (Juan 1:18) es también el poder de Dios y la sabiduría de Dios (1 Corintios 1:24), revelado de este modo para ser nuestro Redentor. El, es pues, la mayor y última revelación de Dios (1 Juan 1-3).

CONCLUSION

¡Cuántos errores cometemos por consultar a los hombres más que a Dios a veces censuramos, como en el caso de David (1 Crónicas 13), que se haya equivocado por haber consultado a los dirigentes antes que a la ley, pero frecuentemente por descuido procedemos de igual modo.

BOSQUEJO No. 32

LAS SAGRADAS ESCRITURAS
Su Inspiración

La inspiración es la influencia y poder de Dios para controlar a los autores de modo que escribieran las Escrituras con total precisión. El mensaje pasó al texto por la actividad providencial del Espíritu Santo que dio forma y sustancia a la comunicación. Las Escrituras constituyen la revelación de Dios, son infalibles en todo lo que El dice, desde el principio al fin.

1. El origen de la inspiración
2 Timoteo 3:16

Porque Dios inspiró el texto, leemos de la personificación de la Escritura (Romanos 9:17; Gálatas 3:8-22) y el dicho está identificado con el evangelio y la gran obra de Cristo (Hechos 13:32-35). Esta es la razón por la que cada palabra tiene valor (Gálatas 3:16) para exponer la voluntad de Dios con autoridad y podemos confiar totalmente en su contenido (Hechos 17:2-3; 26:22-23; 28:25).

Aunque los escritores eran hombres, realmente fue el Espíritu quien habló (Hechos 1:16; 4:25; Hechos 3:7) de modo que podemos estar seguros que es totalmente la palabra de Dios (Hechos 1:5-13; 4:12; 8:8).

2. El mecanismo de la redacción
2 Pedro 1:20-21

Al leer este texto observamos dos grandes verdades: "toda la Escritura es inspirada" y la profecía "nunca fue traída por voluntad humana".

Aunque el hombre fue el medio, nunca la Escritura se inició en él o con él, sino que el Espíritu actuó en los escritores (1 Pedro 1:11; 2 Pedro 3:16) para producir el escrito. Así lo expresaron Miqueas (3:8) o Zacarías (7:12). Los profetas fueron los portavoces del Señor (Exodo 4:10-16; 7:1) y lo sabían muy bien (2 Samuel 23:2).

3. El valor de su integridad
Juan 10:35

Según el Señor Jesús la autoridad del Antiguo Testamento es incuestionable. "No penséis que he venido para abrogar la ley o los profetas" —dijo— "no he venido para abrogar, sino para cumplir" (Mateo 5:17; comp. Lucas 16:17). La denominó "palabra de Dios" y pudo derrotar cualquier intento por menoscabarla (Mateo 22:29-32; Marcos 7:13).

Sus afirmaciones como "Escrito está" (Mateo 4:4) nos sostienen en la lucha que ofrece el enemigo. Por esta causa edifican (2 Timoteo 3:16-17); triunfan (Efesios 6:12-18) y dan constante testimonio de la grandeza de Cristo (Lucas 4:21; 7:22).

CONCLUSION

La Biblia es nuestra arma, si no obedecemos es como si la hubiésemos extraviado. El pecado nos mantiene alejados, pero cuando la usamos, la Biblia nos aleja del pecado (2 Reyes 22).

BOSQUEJO No. 33

LAS SAGRADAS ESCRITURAS
Su Interpretación

Ya que la Escritura puede ser torcida o mal manejada (2 Corintios 2:17; 2 Pedro 3:15-16), es necesario atenernos a ciertos principios o normas de interpretación, tal como el Señor lo hizo después de su resurrección (Lucas 24:27) y Pablo lo enseñó a Timoteo (2 Timoteo 2:15).

La interpretación defectuosa puede conducirnos a callejones sin salida. En primer lugar debemos determinar exactamente qué es lo que dice el texto que leemos teniendo en cuenta su contexto completo, cotejando los resultados con otras Escrituras y aplicando cuidadosamente todo el contenido a las vidas de los habitantes del lugar y época en que fue escrita, y luego a nosotros.

Puntos básicos de partida:

1. Toda la Escritura debe inicialmente ser considerada en forma literal

Debemos interpretar las palabras de acuerdo a la costumbre del día en que fueron escritas. Descansamos sobre un texto inspirado cuyo contenido los mismos autores bíblicos escribieron con el fin de que fueran interpretados como ellos deseaban y no del modo en que nosotros lo imaginemos.

Los métodos alegóricos de interpretación son culpables de innumerables desvíos de la verdad. Debemos probar y estudiar bien el texto para descubrir si tiene algún componente alegórico. Por ejemplo en el Salmo 80, Israel es una vid (comp. Juan 15:1-7), algo similar ocurre con la conversación de los árboles (Jueces 9:7-14) o las dos mujeres de Abraham (Gálatas 4:24) y muchos otros pasajes. Debemos rechazar este sistema como método de interpretación por ser subjetivo e incontrolado, pero esto no es un justificativo para desatender lo que leemos.

2. Toda la Escritura debe ser considerada como una unidad

Esto surge de por sí, ya que Dios es el autor, por lo tanto, el significado de las partes concuerda con el significado del todo, de modo que un pasaje se explica por otro. Al buscar el significado de alguna porción, debemos recurrir al lugar o lugares donde se toque el mismo tema. La Escritura tiene el derecho de decirnos lo que un texto o porción pretende expresar, si no lo hace, debemos respetar el silencio. La unidad teológica no es uniformidad teológica pero todo gira en torno a la revelación de Jesucristo (Apocalipsis 19:10).

3. Toda la Escritura debe ser estudiada como revelación progresiva

Revelación progresiva significa —en correcta interpretación— que la enseñanza bíblica lentamente va edificando el sentido completo del cuadro de todo lo que enseña. Significa que la revelación aumenta de penumbra a pleno día, que se completa ofreciendo expresiones más claras y más acabadas (Ejemplo Hechos 1:1-2; 10:1). El clímax de la revelación es Cristo y todo gira en torno a El. (Juan 5:39; 2 Timoteo 3:15). Por esta característica sabemos que lo evidente, claro y visible en el Nuevo Testamento, estuvo latente o mencionado en el Antiguo.

Comprendemos que el Espíritu que ha inspirado a algún autor para proponer una enseñanza, también lo ha hecho para que ese mismo autor u otro, expanda el contenido de lo dicho.

4. Toda la Escritura debe ser analizada buscando la iluminación del Espíritu Santo.

Como el Espíritu es el inspirador y autor de la Biblia, nadie mejor que El para mostrarnos su contenido. Frecuentemente se distorsiona o construye mal una doctrina por el mal análisis del texto.

Dice 1 Corintios 2:14: "El hombre natural no percibe las cosas que son del Espíritu de Dios porque para él son locura, y no las puede entender, porque se han de discernir espiritualmente". El inconverso no entiende, y no puede, hasta que comience la operación del Espíritu (comp. 2 Corintios 3:14-18; Isaías 42:19-20). El Espíritu presenta la unidad del texto, y la revelación divina, el objetivo bíblico, es decir la Palabra (lo que dice) y el Espíritu (el que interpreta) para que lo que aquella expresa sea entendido y creído.

Al creer tenemos el testimonio de Dios en nosotros (1 Juan 5:7-13), de modo que la palabra escrita: "estas cosas os he escrito", y la presencia del Espíritu sean inseparables. El Espíritu nos da el discernimiento para comprender su palabra (Deuteronomio 29:4) y vemos como acertada la oración del salmista: "Abre mis ojos, y miraré las maravillas de tu ley (Salmo119:18; comp. Efesios 1:18).

CONCLUSION

Es el Espíritu Santo quien nos permite conocer lo que Dios nos ha revelado. Así vemos que la Escritura es:

1. Eterna (Isaías 40:8; 1 Pedro 1:25)
2. Vivificante (Juan 6:63)
3. Sanadora (Salmo 107:20)
4. Nutritiva, (1 Timoteo 4:6; 1 Pedro 2:2)
5. Consoladora (1 Tesalonicenses 4:18)
6. Penetrante (Hechos 4:12)
7. Util (2 Timoteo 3:16)

BOSQUEJO No. 34

LAS SAGRADAS ESCRITURAS
Sus Acciones

Introducción

Las Escrituras tienen autoridad en sí mismas por haber sido inspiradas por Dios. Existen muchos libros de los que se dice ser del mismo valor que la palabra de Dios, tales como el Corán, El libro del Mormón, etcétera, pero no es posible probar la autoridad de tales documentos, porque carecen de autotestimonio y tampoco contienen el cumplimiento de la profecía.

1. Es la palabra salvadora

Las Escrituras revelan a Dios, Dios habla para salvar, El es Creador y también Señor (Génesis 1:28). Cuando habló a Adán, le dio lo que necesitaba y definió sus planes para él. El hombre fue creado para obedecer.

El pecado nació con el rechazo del hombre (Génesis 2:17; 3:6,11; 1 Juan 3:4) para cumplir la voluntad de Dios. La redención, en consecuencia, además de obrar para nuestra salvación, debió restaurar en nosotros el señorío divino. La caída distorsiona la imagen del creador en su criatura a causa de la competencia entablada por el pecado, pretendiendo ejercer el dominio sobre ella (Romanos 6:14).

La restauración implica en primer lugar, restauración de su señorío (Exodo 3:14). Las exigencias no pueden ser cuestionadas (Génesis 26:5; Romanos 4:20) ni pueden aceptar competencia (Exodo 20:3).

La salvación no solamente confirma el señorío divino, también ratifica que necesitamos y podemos tener recuperación eterna (Romanos 3:23 6:23). El evangelio es la revelación de la buena voluntad salvadora de Dios. Unicamente él puede declararnos perdonados, con la garantía que ofrece su palabra (Salmo 119:94; Romanos 10:9).

2. Es la palabra reveladora

El Dios de la Biblia, nos dice que confiemos en sus dichos, porque son su revelación para nosotros. En ella habla de muchas maneras, y a muchas personas. Utiliza diversos medios (Salmo 119:90-93; 147:15-18) y formas, tanto que en todo tenemos que reconocer su multiforme sabiduría.

La Biblia es el modo inequívoco e infalible en que Dios revela su carácter (Exodo 17:13-16) y sus demandas (Exodo 24:7). Cuando la ley fue escrita, solamente Moisés ascendió al monte, Dios le dijo: "sube a mí al monte y espera allá, y te daré tablas de piedra, y la ley y mandamientos que he escrito para enseñarles" (Exodo 24:12). En Exodo 31:18 leemos que fueron escritas "por el dedo de Dios", como el trabajo maestro de su voluntad (leer Exodo 32:16; Deuteronomio 4:13; 9:10; 10:2-4).

3. Es la palabra autoritativa

La autoridad de las Escrituras descansa además en su carácter de testamento. Es decir, de pacto entre Dios y su pueblo. En Exodo 20 y los capítulos subsiguientes se despliega la ética del pacto, las que posteriormente se conservaron como testimonio (Deuteronomio 31:26) entre los hombres.

Dado que es palabra de Dios está prohibido agregarle o quitarle (Deuteronomio 4:2; 12:32; Proverbios 30:5-6) para evitar la inserción del pensamiento humano dentro de su voluntad. La palabra es terminante (Exodo 20:2) porque él está en medio (Deuteronomio 31:24-29). La historia no es otra cosa que el cumplimiento de la voz de Dios, (Isaías 46:10-13), por ello, cada habitante debe poner especial atención a los mandamientos y testimonios que componen el libro de Dios (Deuteronomio 4:1-8; 5:29-33; 6:17; 6:24; 7:9-11; 8:11; 10:12; Josué 1:8). Todo lo dicho explica las grandes bendiciones prometidas a los obedientes (Mateo 5:17-19; Juan 5:45-47; 10:10-36).

CONCLUSION

Hace un tiempo leí de una hermosa experiencia ocurrida durante una cena de gala. Una distinguida dama se sentó junto a un profesor de ciencias de origen alemán. A poco de comenzar, la señora le dijo: "La Biblia dice así y así. ¿La Biblia?" —replicó el profesor— "¿Usted cree en la Biblia? Por supuesto que creo" — contestó la dama— "Nunca pensé que una persona inteligente podría, en la actualidad, creer en la Biblia". "Mire" —insistió la señora— "no sé si soy inteligente, pero sí conozco al Autor".

BOSQUEJO No. 35

EL HOMBRE
Sus Características

Las Escrituras enseñan que el hombre (ser humano) fue formado por Dios (Mateo 19:4; Romanos 5:12-19; 1 Timoteo 2:13) a su propia imagen y semejanza (Génesis 1:26-27;2:7) lo que demuestra que tiene capacidades para amar, elegir, recordar, etcétera.

Sabemos que lo creó de una parte material y otra inmaterial (1 Corintios 6:20). A causa del pecado y por su propia elección, cayó de su lugar para ser pecador. Así, el mal creció y tomó diversas formas de degradación, algunas de las cuales podemos mencionar, pero Dios intervino haciendo amplia provisión para su restauración:

a. Como caído necesita ser levantado – Efesios 2:6

b. Como corrompido necesita ser regenerado – Juan 3:5-6

c. Como condenado necesita misericordia –Juan 3:18

d. Como perdido necesita ser hallado o salvado – Lucas 15:24; 19:10

e. Como muerto necesita ser resucitado – Efesios 2:1

La pérdida fue total a causa de la muerte. Pero, ya vemos que también la provisión fue grande para que el espíritu, alma y cuerpo puedan sentir los efectos de la regeneración (Efesios 2:1-8; 1 Tesalonicenses 5:23).

1. El hombre creado por Dios
Hechos 17:29

Adán y Eva fueron creados en inocencia, con la capacidad de comunicarse con Dios, (Génesis 1:27; 5:1; Isaías 45:12). El hombre fue creado a imagen de Dios, y como obra maestra de la creación, tenía como principal característica facultades de señorío sobre ella (Génesis 1:28). Podía alabar al Creador (Salmo 102:18) y ser el mejor exponente de la potencia de Dios (Isaías 43:1-8).

2. El hombre arruinado por el pecado
Romanos 5:12

Cuando Adán pecó, la raza sintió la amenaza y triunfo de la muerte (Génesis 2:17; 3:19; 1 Corintios 15:20-21) en cualquiera de sus formas (Romanos 6:23). El texto de Romanos 5:12, muestra cómo cayó el hombre a la ruina total (Romanos 8:6) y cómo toda la creación fue afectada por esto (Romanos 8:22).

3. El hombre redimido por Cristo
Efesios 1:7

La redención en Cristo es completa (Romanos 3:24) porque es el propósito de Dios cumplido en él, a quien Dios constituyó como nuestra redención (1 Corintios 1:30). Pero, además de la compra y la libertad, también está la dádiva del Espíritu (Hechos 5:31-32; 15:8-9; Romanos 5:5-6) que nos sella, unge y renueva (2 Corintios 3:18) para conformarnos más y más a él (1 Corintios 15:53-54).

CONCLUSION

Días pasados recibí la visita de una persona que luego de discutir con su esposa, deseaba saber cómo encarar su futuro con una mujer difícil. Oí con atención sus dificultades y comenzaron mis preguntas. Pronto la escena se fue revirtiendo y comenzó a acusarse de haber dicho esto o aquello y de ser un desubicado. ¿Qué había sucedido?. Sencillamente la breve investigación le estaba haciendo efecto y demostrando dónde estaba su falta de equilibrio y capacidad para gobernar asuntos vitales.

Esta ilustración nos muestra en pequeño la función de Dios que no solamente provee para que todos sintamos su presencia, sino que por su Espíritu nos muestra dónde estamos y qué desea hacer por nosotros.

BOSQUEJO No. 36

EL HOMBRE
Sus Responsabilidades

Formado por Dios del polvo de la tierra, tiene en sí mismo la parte inmaterial que es el soplo de vida de su Creador (Génesis 2:7). Dios, además, le dio su ambiente propicio en Edén y le dotó de capacidad para responder a las responsabilidades que demandaban su servicio. El cuerpo, como componente capaz de comunicarse con los hombres fue creado perfecto pero declinó con la entrada del pecado. El verdadero tesoro es el ser interior guardado en vasos de barro (2 Corintios 4:7) que lo limitan hasta que sea transformado (Filipenses 3:20-21).

1. Cómo ve Dios al hombre
Isaías 1:19

En Isaías 1:5-6, leemos que está enfermo desde la cabeza hasta los pies. Los "ojos" no cesan de pecar (Jeremías 22:17; 2 Pedro 2:14), miran con codicia al pecado. La "boca" está llena de mentira, engaño y maldición (Salmos 10:7; 36:3; Romanos 3:14), mientras que la "lengua" es un fuego, un mundo de perversidad (Santiago 3:6), como espada venenosa que inocula vanidad (Job 5:21; Salmos 57:4; 120:2). Los "pies", rápidos a producir desgracia (Proverbios 6:18; Romanos 3:15), colaborando con las "manos" en la violencia e iniquidad (Salmos 26:10; Hechos 2:23; Isaías 1:15).

Toda esta actividad exterior es el resultado de los pensamientos corruptos y contaminados (Mateo 15:18; 1 Timoteo 6:5) que impulsa el diablo como obras de la carne (Gálatas 5:19-21).

2. Qué hace Dios por el hombre
Gálatas 3:13

Para el hombre, oprimido por el pecado (Romanos 7:14) y bajo el cautiverio de Satanás (2 Timoteo 2:26), Dios presenta su plan único de redención (Tito 2:14) capaz de liberarle por la sangre de Cristo, su hijo (Colosenses 1:14) y restaurarle a la comunión perdida, comunicándole su naturaleza (2 Pedro 1:4) y dándole las arras de su Espíritu Santo (Efesios 1:13-14) como garantía para el presente y la eternidad. Dios también transformará nuestros cuerpos. (Deuteronomio 12:2) en el día de la resurrección para destruir totalmente el poder de Satanás y su metodología (1 Corintios 15:22-26).

3. Qué espera Dios del hombre
1 Tesalonicenses 1:9-10

Dios espera una respuesta sincera y completa a su provisión, esto es, arrepentimiento (Marcos 1:15), conversión (Hechos 3:19) y vida de santidad (2 Corintios 7:1). Le propone avanzar en la alabanza, como modo para intimar con El (Salmos 56:4,10; 113:1); y descubrir su fortaleza (Hechos 16:25; Filipenses 1:11; 4:8) para todas las circunstancias de la vida.

Dios espera nuestra entrega total (Romanos 12:1-2), porque para esto nos redimió y nos hizo sus testigos ante el mundo al cual fuimos enviados.

CONCLUSION

Tiempo atrás vino a visitarme un periodista de la zona que había concebido un plan para la "transformación" de la sociedad. Según él, la serie de reglamentos y propuestas en que fundamentaba su trabajo serían suficientes para una "sociedad mejor".

Luego de oírle atentamente —y quizás convencido de que yo era un candidato— le pregunté: Señor González ¿qué hace usted con el problema del pecado? ¿dónde lo ubica en su organigrama. Es que el pecado, no existe solo —replicó—

somos nosotros cuando no hacemos el bien. Sabe, volví a interrumpirle, el apóstol Pablo dice: "Yo sé que en mí, esto es, en mi carne, no mora el bien; porque el querer el bien está en mí, pero no el hacerlo" (Romanos 7:18). ¿Cómo deroga esa ley del pecado que está adentro? No sé, me dijo. Yo sí sé —repliqué— "por Jesucristo Señor nuestro" (v.25) que murió para llevar el pecado, y por el Espíritu que vino para darnos vida (Romanos 8:2).

Creo señor González, que su plan necesita una revisión profunda. Se fue meneando la cabeza y medio confuso.

BOSQUEJO No. 37

LA GRACIA
Los Fundamentos

De acuerdo con la Biblia, por lo menos dos grandes peligros se presentan frente al cristiano. El primero es que tome la senda irresponsable del descuido y mundanalidad, el segundo que se torne legalista, duro e inflexible en sus concepciones o pareceres. Esto último sería "caer de la gracia" (Gálatas 5:4) por haber distorsionado algunas de las doctrinas. Ambos desvíos son muy dolorosos y por ello está la afirmación de que la vida cristiana debe ser encaminada por la gracia de Dios que vivifica el sentido de que "así como hemos recibido al Señor Jesús, debemos andan en El" (Colosenses 2:6-7).

1. El principio de conducta en la vida cristiana
Efesios 2:10

Los dictámenes de la gracia abarcan toda la vida cristiana, que no contiene en su interior mandamientos de la ley, sino principios éticos cumplidos y enseñados por Cristo para demostrar la fuerza del amor de Dios (Juan 13:34; 14:15; 15:10) por medio de él.

Bien claras son las palabras: "Cristo es el fin de la ley: (Romanos 10:4). Las obras que Dios preparó están relacionadas con los frutos de justicia por Cristo (Filipenses 1:9-11); y la obra del Espíritu Santo (Romanos 14:17). Entonces observamos que las obras son el resultado de la acción transformadora de la gracia de Dios (Filipenses 4:8-9).

2. El progreso en el desarrollo de las obras
Juan 6:29

La gracia no solamente nos capacita para ver lo que Dios nos está mostrando, también nos confirma para seguir adelante, progresando en la experiencia. En este sentido la palabra "mandamientos", tal como Jesucristo la usó, es sumamente importante. Dijo El: "Si me amáis guardad mis mandamientos" (Juan 14:15); "El que tiene mis mandamientos y los guarda, éste es el que me ama" (Juan 14:21; ver Juan 15:10; 1 Juan 2:3; 3:22; etcétera).

Para comenzar debemos notar que todas estas advertencias fueron dichas o están relacionadas con la noche de su muerte y Mateo 28:20, luego de su resurrección. Este hecho significa que hablaba en el aposento con los suyos, ya limpios por la palabra (Juan 13:10; 15:3) y viendo a la cruz como un hecho concluido (Juan 16:11), de modo que todo sirviera como prólogo a las epístolas que se escribirían después.

"Mis" mandamientos no son la ley de Moisés, sino la ley del amor, la ley de la libertad (comp. Hechos 15:10), porque imponer sobre nosotros esos preceptos es tentar a Dios e invalidar la obra de Cristo. Cristo dio mandamiento en Mateo 28:18-20; Hechos 1:2-3. Siguiendo estas cláusulas la vida cristiana comienza a crecer en nosotros y a desarrollarse como verdadero discipulado (1 Timoteo 1:5).

¿Cómo realiza su actividad en nosotros?, notemos lo siguiente:

a. Salvos por gracia - Efesios 2:8

b. Firmes por gracia - Romanos 5:2

c. Ayudados por gracia - Hechos 4:16

d. Fortalecidos por gracia - 2 Corintios 12:9

e. Enseñados por la gracia - Tito 2:11-12

f. Esperanzados por gracia - 1 Pedro 1:13

Al estudiar estos pasos con sus respectivos contextos notamos la belleza y magnitud de lo que Dios ha hecho por medio de la gracia.

3. El carácter de la vida cristiana
2 Corintios 10:5

Disfrutamos bajo la gracia la victoria de Dios. Podríamos ofrecer algunos versículos para ilustrarlo, por ejemplo 1 Pedro 2:9: "Mas vosotros sois linaje escogido, real sacerdocio, nación santa, pueblo adquirido por Dios, para que anunciéis las virtudes de aquel que os llamó de las tinieblas a su luz admirable". "Dad gracias en todo" (Efesios 5:2), etcétera.

Estos pasajes demuestran que la gracia vivifica, habilita, prepara y fortalece para toda la vida cristiana que es el cumplimiento de la perfecta ley de la libertad (comp. Santiago 1:21; Romanos 8:21; 1 Corintios 8:9). No nos queda duda alguna que la fuerza del amor es muy superior a la ley porque forma el carácter cristiano, con las hermosas manifestaciones del Espíritu Santo (Gálatas 5:16; Efesios 4:1; 4:30; 5:2; 1 Tesalonicenses 5:19).

CONCLUSION

Leí una historia aplicable a la gracia de Dios. Se trata de la visita que un estadista hizo a una fábrica de papel. Los ejecutivos le mostraron parte del proceso, pero él quiso ver el comienzo, cuáles eran los insumos. Fue a un terreno contiguo y vio papeles viejos y amarillos, trapos, troncos de árboles, etcétera. ¿Con esto se fabrica papel blanco? —preguntó—. Sí —le dijeron— y del bueno ¡increíble!

Tiempo después recibió en su despacho una encomienda, nada menos que finísimo papel carta con su efigie en marca de agua.

Así es la gracia de Dios, de materia prima tan arruinada y dispar, Dios prepara personas útiles para su servicio.

BOSQUEJO No. 38

LA GRACIA
Su Significado

El significado de la gracia es esencialmente la recepción de un favor inmerecido. Favor que puede ser recompensado, luego es un don o regalo por parte de Dios.

De acuerdo con la Biblia, la salvación no está condicionada a la fidelidad humana sino a la buena obra de Dios. Los cristianos fueron "creados en Cristo Jesús para buenas obras" (Efesios 2:10). Estas son el resultado de la enseñanza de la gracia (2 Tito 2:14; 3:8).

1. La gracia no paga deudas

La justicia de Dios exige la muerte del pecador (Juan 3:18) y no actos u obras a cambio del mal, porque somos "hijos de desobediencia" (Efesios 2:2). La humanidad está bajo el pecado que entró en el mundo por un hombre (Romanos 3:9; 3:19; 5:12). Entonces, la gracia no da fuerzas para que realicemos buenas obras, sino que nos muestra la ineficacia de ellas para ser santos. La gracia ilumina a Cristo.

2. La gracia alumbra la redención

Dios no trata al pecado con misericordia. El perdón no resulta de tapar el pecado, sino de destruirlo. Cristo es el Cordero de Dios que "quita el pecado del mundo" (Juan 1:29).

El perdón no es el primer acto de Dios sino el juicio por el pecado y el pago de la redención (Romanos 3:24; Efesios 1:7), luego de lo cual perdona todos nuestros pecados (Colosenses 2:13).

3. La gracia es el vehículo del perdón

El perdón por gracia cancela toda nuestra deuda delante de Dios (Romanos 8:1). Todo es posible mediante la cruz del Señor Jesús (Romanos 5:8) donde cargó con nuestros pecados y culpas (1 Juan 2:1-2).

Como beneficio recibimos el don de la vida eterna y la justicia de Dios otorgándonos libertad y toda bendición espiritual (1 Pedro 3:9).

CONCLUSION

San Juan se refiere a Cristo como "lleno de gracia y de verdad", haciendo de ellas perfecciones coordinadas de la naturaleza divina. La gracia puede definirse como "favor inmerecido" y todas las "gracias" no son sino formas variadas de la bondad y del amor de Dios.

Willey y Culverston

BOSQUEJO No. 39

LA GRACIA
Su Obra

Que somos salvos por gracia (Efesios 2:5,8), dan testimonio más de cien pasajes del Nuevo Testamento. Es por creer, es decir, por confiar en lo que Dios nos regala que su obra es efectiva en nuestros corazones. El inconverso debe confiar para ser salvo, y el creyente confesar para ser santo. La salvación une a Dios, la restauración, restablece la comunión con él.

1. La salvación por gracia
Efesios 2:5

Estaba en los propósitos de Dios que por medio de la gracia (Hechos 15:11; Romanos 4:4-5), sin merecimiento alguno nos llegara la vida eterna, por reconocer simplemente nuestra culpa y aceptar a Cristo como don divino (Romanos 6:23). Por él recibimos todo lo que tenemos (Romanos 1:5; 5:15).

2. La restauración por gracia
Juan 1:16

No solamente gozamos de la salvación por gracia, también recibimos la plenitud de Dios (Efesios 1:22-23; 3:19). Posiblemente, esta sea el estímulo más eficaz para vivir en santidad, sea porque anhelamos agradar a Dios o porque echamos mano a su provisión para la restauración (Romanos 6:1-2; 2 Corintios 4:15).

Así, la justificación por gracia (Tito3:7) también nos ayuda a vivir por ella (Romanos 5:21).

3. La conservación por gracia
1 Pedro 5:12

Es muy importante leer y meditar la enorme provisión que tenemos para poder seguir adelante hasta el fin. Es a este constante suministro que Pablo denomina las "riquezas de su gracia" (Efesios 1:7;2:7) por las cuales podemos crecer y vivificar nuestro espíritu con canciones (Corintios 3:16), o alabanzas al Señor, así como con conversaciones saludables (Colosenses 4:6). Además, tiene bendiciones para los momentos de perplejidad (2 Timoteo 2:1-4) o tristeza (2 Tesalonicenses 2:16-17) porque nos comunica con el Señor Todopoderoso.

CONCLUSION

Tres hermosas historias de favores inmerecidos:

   a. La mujer pecadora – Lucas 7:36-50

   b. El hijo perdido – Lucas 15:11-24

   c. El siervo perdonado – Filemón

BOSQUEJO No. 40

EL PERDON
Sus Características

Perdón es la virtud que Dios tiene de quitar la culpa del culpable (Salmos 25:18; 32:5). Por medio del Espíritu Santo los cristianos también pueden (y deben) perdonarse las faltas unos a otros (Efesios 4:32).

1. Origen

Dios es el origen del perdón, porque el pecado es la ofensa cometida por nosotros en su contra (Levítico 26:40-41). Esta ofensa nos es perdonada por compasión luego de nuestra confesión (Salmo 78:38).

2. Método

La Biblia nos muestra que el perdón tiene ciertas características:

a. Es personal –Lucas 7:48

Dios nos perdona individualmente. Cada cual debe reconocer su pecado y rogar por el perdón (1 Juan 1:7-9).

b. Es sincero – Salmo 32:1-2

Podemos confiar en el perdón que Dios nos da, y disfrutarlo (Salmo 103:12) transmitiendo sus virtudes.

c. Es eterno – Hechos 10-17

La separación que Dios produce entre la culpa y el culpable es tan definitiva que podemos hablar de perdón perpetuo (Isaías 38:17; Miqueas 7:19).

d. Es por Cristo –1 Juan 2:12

Debemos pensar en que El llevó la carga y la culpa del pecado (Romanos 6:23; Colosenses 1:14). En consecuencia, al buscar el perdón estamos reconociendo lo que Cristo hizo a nuestro favor.

3. Resultados

Es prácticamente imposible medir todos los resultados del perdón, porque la experiencia que vivimos es nueva cada día. Pero podríamos dar algunas pautas:

a. Bendición abundante – Romanos 4:7

b. Libertad para la adoración – Lucas 7:47-49

c. Paz en el corazón – Lucas 7:50; Colosenses 1:20

CONCLUSION

Tiempo atrás, mientras se celebraba un culto de adoración en el que yo estaba presente, el hermano que presidía creyó que había llegado el momento de hacer un paréntesis e invitar a los asistentes a saludarse y reconciliarse mutuamente. Así como me costó tomar mi lugar, noté que algunos esquivaban nerviosamente el momento. Es más fácil recibir el perdón de Dios que administrarlo.

BOSQUEJO No. 41

LA SALVACION
Su Característica

La palabra "salvación" aparece más de cuarenta y cinco veces en el Nuevo Testamento. Tiene un amplio sentido, ya sea cómo "liberar" (Hechos 7:25); sanar físicamente: "... que comáis por vuestra salud" (Hechos 27:34) o salvar el alma (Romanos 10:10; Efesios 1:13; 1 Pedro 1:9). En el Antiguo Testamento puede significar además liberación de los enemigos (Deuteronomio 28:1) o redención de la tierra (Levítico 25:24).

1. Los alcances de la salvación
Salmo 106:21

El término entraña, por lo que vemos, seguridad, preservación, restauración, sanidad, etcétera (Exodo 14:30; Mateo 8:25; Lucas 6:9). Se refiere a toda la intervención milagrosa del Señor para el rescate de los suyos.

En general dos conceptos principales están siempre presentes cuando nos referimos a la salvación del alma:

a. Ser salvo, significa sentir la remoción de la culpa del pecado (Romanos 5:9).

b. Ser salvo, significa ser introducido a un nuevo estado de relación con Dios (Efesios 2:12-13), de renovación vital (Colosenses 1:13; 1 Timoteo 2:4), para vivir la vida espiritual (Gálatas 2:2).

Es decir que no solamente está relacionada con la vida pasada, sino con el compromiso que ahora tenemos.

2. Los tiempos de la salvación
Romanos 5:8-9

De la lectura comprendemos que la salvación abarca tres tiempos de nuestra existencia.

a. **Pasada**. Fuimos salvos cuando aceptamos a Cristo como nuestro Salvador (Hechos 16:30-31; Romanos 10:10). Esta es la experiencia clave en nuestra vida (Tito 3:5), porque sin ella jamás llegaremos a conocer la verdad, ni a ser hijos de Dios. Dejamos el estado de condenación, para aceptar el perdón que se nos ofrece.

Todas las facetas de la salvación se observan en las distintas doctrinas de la gracia, tales como redención, regeneración, justificación, santificación, reconciliación, perdón, vida eterna, etcétera.

b. **Presente**. Ahora somos salvos del dominio del pecado, especialmente por la acción del Espíritu (Romanos 8:1-2) y la actividad del Señor como abogado (1 Juan 2:1-2) en el trono de la gracia (Romanos 5:9-10; 6:1-4; Hechos 7:25). Jesucristo es el pontífice entre nosotros y Dios por cuya vida somos salvos (Hechos 9:26-28).

c. **Futura**. Seremos salvos de la presencia del pecado, cuando Cristo vuelva y nos lleve a estar con él (Romanos 13:11; Efesios 1:4; 1 Tesalonicenses 5:8; 1 Pedro 1:3-5).

En algunos pasajes estos tres aspectos aparecen juntos e involucran un amplio espectro del plan de Dios (1 Corintios 1:30; Filipenses 1:6; Tito 2:11-13).

3. La forma de la salvación
Tito 2:11

Somos salvos por gracia (Efesios 2:8-9) sin mérito de nuestra parte. Pero la gracia fluye porque Dios es justo (Romanos 5:21) y consumó toda la obra (Hechos 5:31), llevando el pecado y ofreciéndonos vida en lugar de la muerte (Tito 3:4-6).

Dios, por amor, dio a su Hijo para el cumplimiento de su justicia, nosotros entonces, tenemos el resultado, que es la vida eterna.

CONCLUSION

En 2 Samuel 9, tenemos la historia de David y Mefi-boset, donde notamos que un impedido físicamente fue asistido por la misericordia del rey y convidado a ser un invitado vitalicio a su mesa.

La actitud del soberano y la aceptación en Mefi-boset conformaron un cambio completo en el estilo de vida del descendiente de Saúl. Algo similar, aunque muy superior en contenido, ocurre con nosotros.

BOSQUEJO No. 42

LA SALVACION
Su Forma

La salvación presupone que somos pecadores e impotentes de acercarnos a Dios bajo las condiciones de pecado. Además, implica a que las obras no tienen valor para hacernos salvos y que dependemos del Señor (Romanos 3:30; Gálatas 2:16-20; Tito 3:5 cuya obra salvadora queda concluida en la cruz del calvario (Hechos 9:12).

1. Los aspectos de la salvación
Filipenses 1:28-29

Resulta halagador saber que nuestra salvación es completa. En la epístola del Apóstol Pablo a los Romanos y en 1a. y 2a. epístolas de Pedro, leemos que somos salvos de la ira de Dios, de la servidumbre del pecado y de la corrupción como parte del plan divino para el hombre (Romanos 5:9; 6:16; 1 Pedro 1:4-5; 2 Pedro 1:4).

Por otro lado, debemos observar que no solamente somos salvos "de", sino salvos "para", como objetivo principal del llamado. Por ejemplo, leemos en Filipenses 1:28-29 que la salvación nos habilita "para" trabajar y padecer por el evangelio; en 1 Tesalonicenses 5:8-10, que nos equipa con la protección necesaria para vivir "juntamente con él"; en Hebreos 6:9\10, que todo el trabajo de servicio "a los santos" es la consecuencia de la salvación, etcétera. En efecto, ser salvo es haber adoptado un nuevo estilo de vida (Romanos 12:2).

2. El contenido de la salvación
Romanos 16:25-27

La salvación comienza cuando aceptamos el glorioso evangelio de paz (Romanos 10:15) cuyo contenido centrado en Cristo (Efesios 3:6) nos propone un nuevo estilo de vida (Filipenses 1:28-30; 2:12-16; Hebreos 6:10-12). Comunicamos ese contenido cuando anunciamos y vivimos el poder del evangelio que salva y cambia toda nuestra mentalidad. El gozo de la santidad (Romanos 8:6) y la mente transformada (Romanos 12:2) deben caracterizar nuestro tránsito hacia la meta.

3. La esperanza de la salvación
2 Timoteo 2:10

Precisamente por ser una dádiva de Dios, la salvación termina en Dios (Romanos 13:11). Por esta causa, la Escritura nos considera "herederos de la salvación" (Hechos 1:14) y nos garantiza la salida de este mundo para entrar en el cielo con cuerpos transformados a la semejanza de Cristo (Filipenses 3:20; Hechos 9:28).

En esperanza fuimos salvos (Romanos 8:24) y en ella desarrollamos toda nuestra conducta hasta verla culminada con la venida del Señor (Romanos 15:4-6).

CONCLUSION

Bien conocidos son los esfuerzos de Allen Gardiner por llevar el evangelio a los habitantes de Tierra del Fuego. La historia cuenta que al ser hallado su cuerpo junto al barco, también se observó una mano dibujada sobre la roca, que apuntaba al Salmo 62:1-2: "En Dios solamente está acallada mi alma; de él viene mi salvación. El solamente es mi roca y mi salvación; es mi refugio, no resbalaré mucho".

BOSQUEJO No. 43

LA REGENERACION
Su Contenido

La regeneración o vida nueva es la primera experiencia de la vida cristiana. Del tema habló el Señor Jesús con Nicodemo, quien, aunque educado, ignoraba el punto inicial en la vida espiritual (Juan 3:3-5).

1. La demanda de la regeneración
Juan 3:5

La vida nueva no es el resultado de ritos o ceremonias, sino de la operación del Espíritu Santo. La vieja naturaleza no puede ser regenerada, debe morir para dar lugar a la "nueva creación" (2 Corintios 5:17). Dios ha condenado nuestro "viejo hombre" por ser opuesto a su santidad (Romanos 5:12) y reclama la creación de uno nuevo (Efesios 4:24) que pueda llevar fruto para su gloria (Lucas 6:43-46).

2. La naturaleza de la regeneración
2 Corintios 5:17

¿Qué es el nuevo nacimiento? Nada menos que una persona hecha por Dios (Efesios 2:10) para un nuevo fin (Gálatas 6:15). Es totalmente nuevo, fruto de la operación del Espíritu Santo (2 Pedro 1:4), creado a la imagen de El (Colosenses 3:10).

Es muy necesario que comprendamos que el principio de la vida de Dios en nosotros es real (1 Pedro 2:2) y que el pecado debe dejar de ser ley en nuestro ser (Romanos 8:2).

2. Los efectos de la regeneración
Juan 6:63

Por la fe en Cristo Jesús todos somos hijos de Dios (Gálatas 3:26). Bien dice la Escritura que todo aquel que cree en Cristo es nacido de Dios (1 Juan 5:1). Por la fe recibimos la nueva vida y participamos de Cristo. No descansamos solamente en evidencias internas o externas, sino en Cristo.

Lo que sentimos proviene de El y debe desarrollar el nuevo carácter del Espíritu que es engendrado por Dios (1 Juan 2:29; 3:9). De modo que el primer efecto es el cambio de naturaleza y la comunión con Dios (1 Pedro 1:23). Luego la vida de santidad (1 Juan 5:18) y en consecuencia, de victoria (1 Juan 5:4) y amor permanente (1 Juan 4:7).

4. Los frutos de la regeneración
1 Juan 3:9

Ser hijos de Dios significa vivir en la esfera de Dios - (Romanos 6:22). Es cierto que la nueva vida está en vasos de barro (2 Corintios 4:7), también es cierto que el poderoso control de Dios puede hacer morir las tendencias pecaminosas, pero de nosotros depende rendirnos a su voluntad y señorío (Colosenses 3:5-8) para que podamos ofrecernos a El como instrumentos de justicia (1 Juan 3:10).

CONCLUSION

Hace cierto tiempo atrás escuché el testimonio de un hermano que me llamó la atención. Iniciado por un amigo en el sendero de las drogas vivió la más triste odisea atrapado por ese vicio, con sus consecuencias deplorables que lo condujo al borde del suicidio, el que intentó varias veces.
En su desesperación, se enroscó un alambre en los dedos de una mano, descalzo y con el piso mojado conectó los terminales al tomacorriente.
El shock fue terrible, con un enorme daño en la mano y un gran golpe al caer desplomado al suelo.

En mal estado fue llevado a un hospital, alguien le habló de Cristo y su poder, la regeneración y la nueva vida de felicidad. Aceptó a Cristo como Salvador y Señor y es ahora una nueva criatura, con las marcas de sus errores, pero con el gozo inefable de una vida nueva.

BOSQUEJO No. 44

LA CONVERSION
Su Contenido

Tal como la palabra lo indica, conversión significa "volverse a Dios". Es la manifestación externa de alguien que ha abandonado el pecado. Tiene entonces el lado positivo de ir a Dios, a la santidad, abandonando lo negativo gobernado por Satanás, el mundo y el pecado.

1. La necesidad de la conversión
Hechos 14:15

Dijo el Señor: "De cierto os digo, que si no os volvéis y os hacéis como niños, no entraréis en el reino de los cielos (Mateo 18:3). "Volver" es convertirse, como un niño, en sencillez, en humildad y mostrando dependencia de sus mayores.

La predicación apostólica era: "Arrepentíos y convertíos para que sean borrados vuestros pecados" (Hechos 3:19). Necesitamos convertirnos de los "ídolos a Dios" (1 Tesalonicenses 1:9) y dejar las vanidades para ir al Dios vivo.

2. La forma de la conversión
Mateo 18:3

En la Escritura nunca leemos de conversión a una religión o "cambio de religión", siempre es convertirse al Señor. ¿Cómo se realiza? Por oír la palabra (Hechos 11:20-21), se opera así el arrepentimiento por nuestra forma de vida pasada (Hechos 3:19) y el deseo de abandonar el pecado (comp. Hechos 15:3). La fe ocupa un lugar importante porque es la confianza que nos permite apropiarnos de la obra de Cristo

(Hechos 16:31). Por ello la incredulidad es un obstáculo (Juan 6:66).

3. Los resultados de la conversión
Hechos 26:18

El primer resultado es encontrarnos con Dios: "habéis vuelto al Pastor y Obispo de vuestras almas" (1 Pedro 2:24-25). El hombre sale del poder de Satanás para ir a Dios. En segundo lugar, recibimos la naturaleza de Dios (2 Pedro 1:3-4) y como consecuencia el gozo de esta experiencia vivificante. Y en tercer término, recibimos satisfacción (Hechos 16:34), disposición para el servicio (Colosenses 3:23) y esperanza (1 Tesalonicenses 1:10).

CONCLUSION

Cuando era niño solía visitar mi hogar una persona singular. Le escuchaba con atención narrando episodios de su vida campesina y de la dureza de su conducta. "Era el terror del barrio", decía, mientras repetía algunas de sus muchas perversidades con los suyos y los demás.

Don Juan, era borracho y pendenciero, inclinado a la provocación y la riña. Un día, se instaló en las inmediaciones de su casa una carpa evangélica, donde Cristo era anunciado cada noche. Al principio, don Juan se acercó para provocar y desafiar con un cuchillo. Quería matar al predicador e interrumpir el culto, pero poco a poco el amor del Señor fue tocando al pendenciero don Juan, hasta que una noche aceptó a Cristo y fue realmente convertido.

Incomprensiblemente —para el vecindario— se volvió manso como un cordero y con un testimonio glorioso para el evangelio. Satanás había perdido otra batalla.

BOSQUEJO No. 45

LA JUSTIFICACION
Su Sentido y Significado

Bíblicamente significa "declarar justo". Es la acción por parte de Dios, de aplicar la justicia de Cristo a todos los que creen en El.

Todos somos pecadores y sentenciados a la muerte (Romanos 3:19), pero Cristo llevó nuestros pecados. Si aceptamos este hecho, Dios nos perdona y justifica. Esto significa que estamos libres de la culpa del pecado y sus consecuencias futuras.

Aunque la doctrina aparece en ambos testamentos (Salmo 32:1-2), está más claramente desarrollada en el Nuevo, donde la obra consumada en la cruz permite hallar por la fe la aplicación de la justicia de Dios (Romanos 4:1-3; 5:1).

1. Contenido doctrinal
Romanos 5:18

Es muy difícil comprender el sentido de la justicia de Dios sin leer o conocer su santidad. Pero tampoco podemos llegar a conocer su santidad (Exódo 15:11; Isaías 57:15) porque somos pecadores (Habacuc 1:3).

Ser "justificado por la fe" (Romanos 3:28), es sinónimo de "su fe le es contada por justicia" (Romanos 4:5). Por otra parte "el don vino ... para justificación" (Romanos 5:16) es equivalente a "el don de la justicia" (Romanos 5:17).

En la ley de Moisés, la justificación se declara así: "Tendremos justicia cuando cuidemos de poner por obra todos estos mandamientos"(Deuteronomio 6:25). Es decir que para el Antiguo Testamento, la obediencia a la ley es el único fundamento para la justificación.

Dice el Salmo 11 "Jehová es justo, y ama la justicia" —o los actos justos— (ver.7; comp. Exodo 23:7; Levítico 18:5). Conocemos el fracaso humano y la declaración: "... por las obras de la ley ningún ser humano será justificado" (Romanos 3:20) porque no hay quien haga lo bueno, no hay ni siquiera uno (Romanos 3:10-18). En consecuencia la justicia de Dios debe ser satisfecha por un inocente (1 Pedro 3:18) y aplicada a todo aquel que acepta esa sustitución (Romanos 5:18-21).

2. Expresión espiritual
2 Corintios 5:21

En Romanos 1:32 aparece el pecador condenado y bajo sentencia de muerte ¿Qué esperanza tiene en esas condiciones? Ninguna, porque Dios aborrece el pecado (Jeremías 44:4). Solamente por gracia y mediante la aparición de un sustituto que cargue con la culpa, lo cual implica el derramamiento de su sangre (Romanos 5:9). Tal cosa hizo Cristo por la humanidad, poniendo su vida de propia voluntad (Juan 10:17-18); es a esto que se le denomina "la justicia de uno" (Romanos 5:18).

El trasfondo de Romanos 8:32-39, nos lleva ante una corte de justicia, en la cual Dios es el juez; "¿quién acusará a los escogidos de Dios?"—FISCAL—"Dios es el que justifica" (v. 33) "¿Quién es el que condenará?" —JUEZ— "Cristo es el que murió ... el que también intercede por nosotros" —ABOGADO— (v.34). "¿Quién nos separará del amor de Cristo? ¿Tribulación, o angustia ... ? Antes, en todas estas cosas somos más que vencedores por medio de aquel que nos amó" (vv.35-37) —Nuestra ABSOLUCION en el juicio—.

Luego, insistimos, Dios "pone" la justicia de Cristo sobre el creyente (Gálatas 2:16), no que lo restaura a la inocencia luego de haber sido condenado por el pecado, sino que como la sentencia de muerte fue ejecutada en el sustituto, la demanda de la ley quedó satisfecha, y no tiene jurisdicción sobre él (1 Pedro 2:24; Filipenses 3:9).

3. Alcances prácticos
Romanos 5:1-5

La muerte de Cristo es el único fundamento sobre el cual el pecador es justificado ante Dios (Romanos 5:6,8,10; 1Corintios 15:1-4) y ésta solamente por gracia para todo aquel que cree (Romanos 4:5). Para esto debemos reconocer que la justificación depende de que Cristo (inocente) haya cargado con nuestras culpas; su resurrección es la aprobación de Dios a su obra (Romanos 4:24-25).

Es interesante que los alcances sean tantos como los que surgen de Hechos 13:39; Romanos 9:30 a 10:10; 1 Corintios 1:30; 6:11; Filipenses 3:9 y Tito 3:7; que rogamos leer y estudiar con cuidado.

En Santiago, el tema adquiere una relación especial porque observa la doctrina desde el punto de vista humano. Presenta el caso de Abraham que vivió antes que la ley fuera promulgada. Al comparar Santiago con Pablo diríamos que el segundo apunta a Gálatas 15:6 (Romanos 4:1-8) donde Dios vio que su siervo le había creído. En cambio, el primero (Santiago) mira al momento cuando esa fe, fue probada cuarenta años después en el monte Moriah, (Génesis 22:1-19), lo cual hace en el cap. 2 v. 21.

Por lo que vemos, se trata de dos miradas distintas a un mismo caso con dos facetas diferentes, para Pablo, Dios solamente "intervino" (base de la fe), para Santiago, "todos vieron (exteriorización de la fe).

CONCLUSION

Agregamos algunos pasajes importantes que nos ayudarán a comprender mejor el alcance de la justificación:

1. El estado del pecador (Romanos 3:10)
2. La actitud de Dios (Romanos 8:33)

3. La muerte del sustituto (1 Pedro 3:18)

4. La gracia interviniente (Romanos 3:24; Gálatas 2:16\21)

5. La fe: único ingrediente (Hechos 13:39; Romanos 5:1)

6. La aprobación del sustituto (Romanos 4:25)

7. El testimonio visible (Tito 3:8; Santiago 2:26).

BOSQUEJO No. 46

LA REDENCION
Su Fundamento

La redención es el acto de "comprar de nuevo"; "rescatar" y "tomar posesión de lo adquirido". Las Escrituras enseñan dos formas:

a. La redención por "poder" (Exodo 6:6; Nehemías 1:10).

b. La redención por "compra" (Hechos 20:28; Efesios 1:7; 1:14). Es la forma más visible de la lucha contra Satanás realizada por nuestro Señor Jesucristo, porque las accio nes son bien visibles.

En la redención, el pecado, que es un amo esclavizador (Romanos 6:14) aparece visiblemente enfrentado por Dios y vencido por la muerte y resurrección de Cristo. Según la ley, el redentor debía ser un "pariente cercano" (Levítico 25:25; 47-48) lo cual se cumplió en el caso de la raza humana cuando Cristo participó de nuestra naturaleza (Hechos 2:14).

1. Antecedentes de la redención
Exodo 13:1-15

Dios, que redimió a los israelitas con su poder (Exodo 6:6), dictaminó que como recordatorio, cada descendiente de Abraham debía permitir el rescate de personas y propiedades (Levítico 25:25), además, ya que cuando salieron de Egipto había perecido el primogénito de los egipcios, el primogénito de ellos fuera consagrado a Dios (Exodo 13:1-2), salvo en el caso de animales inmundos o de carga, donde éstos debían ser reemplazados (Exodo 13:13; Números 18:15-17).

Posteriormente, Dios extendió las promesas a Israel a la redención territorial y política, basadas sobre el principio de la vida espiritual (ver Salmos 25:22; 130:8; comp. Romanos 11:26-27).

2. La necesidad de la redención
Deuteronomio 7:8

Así como los israelitas fueron esclavos de Egipto (Deuteronomio 13:5), todos los hombres son siervos de Satanás, y en consecuencia del pecado (Romanos 6:16-23). Es a esta condición bajo el príncipe de este mundo (Juan 12:31; 14:30; 16:11) que denominamos estado de condenación (Hechos 26:18). Como el diablo es el amo invencible por fuerzas humanas, Cristo vino para vencerle y destruir sus obras (Hechos 2:14).

3. El método de la redención
1 Pedro 1:18-19

Por una parte, la Escritura dice que Cristo "nos ha sido hecho ... redención" (1 Corintios 1:30) y por otra, nos explica que esa redención fue "por su sangre" (Efesios 1:7), cuya etapa final será la salida de la iglesia de este mundo (Efesios 1:14). La obra de Cristo fue el medio, así como el costo de nuestra redención, realizada con precio y con poder (Mateo 20:28; Marcos 10:45).

CONCLUSION

Un ladrón artero penetra en el domicilio de alguien y le roba el radio-grabador único en su género, fabricado por él mismo. Desesperado comienza una búsqueda implacable, hasta que finalmente un día lo descubre en un escaparate. Con gran esfuerzo, reúne el precio que piden por él y lo compra. Con gozo, aquel hombre renueva su precio por el grabador porque ahora se siente doblemente dueño: es fabricante y redentor.

Lo mismo sucedió con nosotros, Dios nos hizo y nos compró.

BOSQUEJO No. 47

LA REDENCION
Su Terminología

En la Escritura, Dios aparece como el rescatador que paga gran precio (1 Corintios 6:20) por las almas. El primer efecto visible es la separación entre los que aceptan y los que no lo hacen (2 Corintios 6:17-18).

1. La terminología de la redención

Del grupo de palabras relacionadas con el tema, cuatro son las que más nos llaman la atención. La primera es *agorazó*, que hace alusión a la compra en el mercado. En este contexto cobra significación la compra a gran precio (1 Corintios 6:20; 7:23; 2 Pedro 2:1) que nos proponen los textos bíblicos.

Si tenemos idea de la compra podremos entender que comprar también significa sacar o llevar lo adquirido, pero, para esta nueva dimensión está la segunda palabra que es *exagorazó*, que básicamente explica la salida, porque "ex" es "sacar" o "poner afuera" luego de realizada la compra. Esta expresión se ve bien en Efesios 5:16 y Colosenses 4:5. Pablo usa este término cuando dice que "Cristo nos redimió de la maldición de la ley" (Gálatas 3:13; comp. Gálatas 4:5).

La tercera palabra es *lytroó* cuya raíz apunta a la libertad ganada por el precio pagado. Un ejemplo podría ayudarnos, se trata de Tito 2:14: "redimirnos de toda iniquidad" donde la iniquidad encarna al amo opresor del cual fuimos rescatados (comp. 1 Pedro 1:18; Lucas 1:68).

Finalmente, tenemos la cuarta palabra en forma de *apolytrósis*, que es una remarcación de la anterior. Claramente, el rescate adquiere forma de "huida" o "liberación permanente", como podemos comprenderlo en Efesios 1:7: "tenemos redención ... el perdón de pecados" (comp. 1:14; 4:30). Al estudiar esta forma de liberación no podemos dejar de lado Romanos 3:24 "la redención que es en Cristo Jesús" y Hechos 9:15 "remisión de las transgresiones", porque en ambas se presenta la figura del amo opresor.

2. El alcance de la redención

No solamente leemos que Cristo nos "redimió de la maldición de la ley" (Gálatas 3:13), sino que esta redención es eterna (Hechos 9:12). La maldición es la consecuencia del pecado que concluye en condenación. Pero, la obra está completa con el pago, la salida, la formación de los redimidos (Salmo 107:2; Apocalipsis 5:9) y la garantía de congregarnos en el cielo (Efesios 4:30). Dios nos muestra que la obra consumada es completa.

3. El objetivo de la redención

En principio, leemos que Cristo se dio a sí mismo para redimirnos de "toda iniquidad" (Tito 2:14) y "purificar para sí un pueblo propio, celoso de buenas obras". La conciencia de la redención nos hace vivir en sabiduría (Colosenses 4:5) para expresar en el mundo las virtudes y excelencias del Redentor (1 Pedro 2:9-10).

CONCLUSION

Hermosos ejemplos bíblicos tenemos sobre este tema. Israel fue redimido de Egipto (Exodo 15:13); los hebreos debían recordar el rescate en forma de adoración (Exodo 30:11-13); los "parientes cercanos" no debían desperdiciar oportunidad para practicarla (Rut 4:10).

BOSQUEJO No. 48

LA RECONCILIACION
Su Fundamento y Contenido

La propiciación y la reconciliación son dos aspectos de una misma doctrina. La propiciación cubre la distancia entre Dios y el hombre y la reconciliación permite andar ese camino de vuelta a Dios. En Romanos 8:7 leemos que la mente carnal (toda actitud del hombre caído) es enemistad contra Dios y en Efesios 4:18 que los hombres están separados de la vida de Dios por la ignorancia.

El tema podría ser estudiado en el Antiguo Testamento teniendo en cuenta Levítico 6:30; 8:15; 16:20; donde el original implica más propiamente expiación.

1. Significado en el Nuevo Testamento

Ya hemos indicado la proximidad entre propiciación y reconciliación y la podemos verificar leyendo Romanos 5:11; 1 Juan 2:2; 4:10, pero los detalles distintivos se estudian observando los tres principales términos griegos: *diallasó*, que significa intercambiar y también efectuar concesiones mutuas luego de un disgusto, según puede observarse en Mateo 5:24.

Ya que este pasaje alude sólo a la reconciliación entre hombres, no tiene la trascendencia que nuestro estudio espera. El segundo término es más adecuado *katallassó* y significa "cambio completo". Por ejemplo en Romanos 5:10 leemos: "Porque si siendo enemigos, fuimos reconciliados (cambiados por completo) con Dios por la muerte de su Hijo, mucho más, estando reconciliados seremos salvos por su vida" (comp. Romanos 11:15).

Esto significa un cambio de un estado a otro: de enemigos a amigos. Similar a esta palabra esta *kattalagé*.(Romanos 5:11; 11:15; 2 Corintios 5:18) donde quizás la diferenciación radica en el cambio operado en una parte, debida a la actitud de la otra.

2. Importancia en los hombres

En Efesios 2:16, hallamos una doble reconciliación, donde aparece la forma reforzada de los verbos anteriores y que también significa esencialmente "reconciliar completamente", cambiar de una posición a otra quitando todo impedimento a la unidad y la paz. Así la cruz de Cristo derribó la barrera existente entre judíos y gentiles, y también la que existía entre ambos y Dios.

En Colosenses 1:20-21; es la operación del Padre (comp. vv.19 y 12) por medio del Hijo, cuyo resultado es unión y paz (comp. Filipenses 2:10).

3. Alcance en los planes de Dios

Otros dos aspectos de la reconciliación se ven en 2 Corintios 5:19-20, el verso 19 dice: "Dios estaba en Cristo reconciliando consigo al mundo (cosmos)", lo cual significa que Dios "cambiaba completamente" la posición del mundo con respecto a sí. Esto permite que por su gracia cada cual pueda entrar en una nueva relación con él. La muerte de Cristo reconcilia a enemigos -hombres entre sí y con Dios —y preserva la comunión para el ministerio actual del abogado e intercesor (1 Juan 2:1-2).

Está en los planes de Dios producir una reconciliación de toda la creación en Cristo en "la dispensación del cumplimiento de los tiempos" aun futuros (Efesios 1:10).

4. Resultados prácticos en nosotros

La nueva creación (2 Corintios 5:17) camina por fe (2 Corintios 5:7) y "todas las cosas" ayudan a bien (Romanos 8:28) a los que aman a Dios. La reconciliación produce el gozo de la comunión que es invariable e insustituible. La armonía de sentirnos cerca de Dios, hechos hijos por gracia, por la fe y la obra del Espíritu Santo (1 Pedro 3:18).

CONCLUSION

¿Cuándo se opera en nuestro caso este milagro? Cuando dos personas que se han distanciado por una ofensa vuelven a la amistad, luego de quitada la causa de disgusto.

Hace unos días atrás fui entrevistado por un matrimonio en dificultades. Tanto el esposo como la esposa ofrecían abundantes razones para el enojo mutuo. Hablé con el esposo y le pude ayudar a ver su error y luego lo mismo a la señora. Pero mi trabajo solamente estuvo concluido cuando buscaron el perdón y la ayuda del Señor. ¡Cuánta falta hace la reconciliación!

BOSQUEJO No. 49

LA PROPICIACION
Su Fundamento y Contenido

El criterio de "dios", difundido por el paganismo, relaciona a la deidad consigo mismo y no con las necesidades del pueblo. Como consecuencia, ocurre lo que Elías dijo a los profetas de Baal, el dios puede estar hablando, de viaje o durmiendo (1 Reyes 18:27) pero nunca preocupado por su pueblo a quienes solamente castigaba. Elías conocía la verdadera manera de actuar por parte del Dios eterno.

1. La relación de la propiciación

La propiciación forma parte de por lo menos de tres doctrinas vitales.

a. La **redención**; donde Cristo se relaciona con nuestra esclavitud "en" el pecado y nos rescata, "nos compra en el mercado" a gran precio (ver Bosquejo No. 47).

b. La **reconciliación**; por la que Cristo produce la unión entre las partes separados "por" el pecado.

c. La **propiciación**; en la que Cristo quita la presencia "del" pecado por medio de su sangre.

Dios es inalcanzable en su santidad, y aun cuando Moisés y Aarón se acercaban, lo hacían por intermedio de sangre (Levítico 16:2-3), y luego ofrecían sacrificio por todo el pueblo. Este hecho trasladado a nosotros nos dice que no solamente debemos ser reconciliados con Dios, sino también debemos conocer el fundamento para ello. Este fundamento es Cristo (Romanos 3:25).

2. El alcance del sacrificio de la cruz

Cuando Cristo fue a la cruz, llevó consigo nuestros pecados y culpas. Como resultado hay perdón para todo aquel que cree.

En Hechos 9:28 leemos: "Así también Cristo fue ofrecido una sola vez **para llevar los pecados de muchos ...**" que es precisamente lo mismo que sacar la culpa de en medio (1 Pedro 2:24) —entre nosotros y Dios— y esto para siempre (Hechos 9:13-15).

Cristo se "ofreció sin mancha a Dios", es decir en completa santidad, para eliminar la culpa y colocarse como el medio de unión. La "conciencia" limpia significa entre otras cosas la posibilidad que ahora tenemos de discernir su santidad y comenzar a compartirla (comp. Salmo 32:3-5).

3. La persona que se ofrece

La ofrenda por el pecado se consumó por medio del cuerpo de Cristo (1 Pedro 2:24). La Biblia dice que este es el velo con el cual escondió su deidad y cargó con nuestros pecados. Luego leemos que los arrojó "tras sus espaldas" (Isaías 38:17). Con seguridad, es un modo de expresar y explicar parte del sentido de "tapar" o "cubrir" que hallamos en la propiciación.

En Lucas 18:10-12, está el ejemplo de dos hombres, el primero creía que Dios le recibiría por lo que hacía, mientras el otro simplemente dijo: "Dios sé propicio a mí, pecador" (Lucas 18:13) —has conmigo misericordia— porque he quebrado la ley, contra ti he pecado, ante ti soy responsable, me pongo "debajo" de la sangre del sacrificio. Que tu actitud sea la de verme cubierto por esa sangre (comp. Lucas 16:15). Dios respondió afirmativamente a su petitorio.

CONCLUSION

Supongamos que dos ejércitos se enfrentan y uno paulatinamente gana ventaja sobre el otro. El vencido decide entregarse para lo cual levanta bandera blanca. De inmediato cesa la guerra porque detrás de la insignia está la propuesta de paz. Así —aunque pobre sea el ejemplo— Dios nos ve siempre detrás de la obra de Cristo que hizo la paz.

BOSQUEJO No. 50

LA SANTIFICACION
Su Fundamento y Contenido

La santificación es más que una mejora en la experiencia diaria, es la actitud por parte de Dios de separarnos para él. Cuando recibimos el Espíritu Santo, Dios hace efectivo su propósito y comienza la gran batalla de la separación.

A los Corintios se les llama "santificados en Cristo Jesús" (1 Corintios 1:2), no obstante sus vidas presentan el gran conflicto de la carne. Pero el espíritu es el encargado de realizar la obra de asemejarnos a Cristo (Efesios 4:13; 2 Tesalonicenses 2:13-14).

1. El pasado de la santificación
Efesios 1:3

Los teólogos la llaman: santificación posicional, porque según leemos en el texto, Dios interviene dándonos en Cristo un lugar de privilegio. Pablo dice a los Efesios que nos "hizo (Dios) sentar con Cristo, en lugares celestiales" (Efesios 2:6) o que nos dio la posición de santificados.

Tanto los corintios como los efesios y nosotros, no vivimos diariamente así, al contrario, sentimos la fiera lucha que perecería derrotarnos (Efesios 4:24-26), pero la posición debe estimularnos a la gratitud y al honor (comp. 1 Pedro 1:2; Hechos 2:11; 10:10). Dios nos ha santificado para él.

2. El presente de la santificación
Romanos 12:1

Naturalmente que si Dios nos ha separado con su Espíritu, nosotros tenemos que responder avanzando en la santidad (1 Pedro 1:15-16). Cuando presentamos nuestros cuerpos como sacrificio vivo, estamos haciendo lo que nos pide, estamos viviendo la santidad (2 Corintios 7:1). La lucha contra el pecado se nos torna arduo, pero el Espíritu combate por nosotros con la estrategia de la santidad (Romanos 6:14-18) y la gloria del Señor comienza a despuntar en la victoria (2 Corintios 3:18; comp. 1 Tesalonicenses 4:3,7).

3. El futuro de la santificación
1 Juan 3:2

El texto dice que "seremos semejantes a él porque le veremos como él es". Es el propósito de Cristo sacarnos del mundo (Efesios 1:14) para llevarnos con él. Se operará la transformación completa y este cuerpo mortal, pecador e irreformable será transformado a semejanza del suyo en gloria. Santificarnos, en este sentido, es colocarnos finalmente en el lugar que tenemos reservado en el cielo (Juan 14:1-3).

4. El desarrollo de la santificación
1 Tesalonicenses 5:23

Es una actividad que "el mismo Dios de paz" ha tomado a su cargo. Es importante destacar este énfasis (comp. 1 Tesalonicenses 3:11-13; 4:16) para comprender que sin su fuerza es imposible la vida de santidad. Además dice "os santifique por completo" (comp. 1 Tesalonicenses 4:3) que tal como lo muestra toda la epístola a los Tesalonicenses, es una actividad en avance que Dios llevará a feliz término (comp. 1 Timoteo 6:14), porque tiene potencia para hacerse cargo de todas nuestras falencias y concluir su obra (Filipenses 1:6) para el gran día de la boda (Efesios 5:25-27).

La tarea afecta cada parte de nuestro ser, sea invisible como visible. El contexto es claro: "Absteneos de toda especie de mal" (1 Tesalonicenses 5:22) que son atractivos carnales (1 Pedro 2:11) que atentan contra la obra de Dios. Nosotros debemos humillarnos y quebrantar nuestro viejo hombre (Romanos 6:22; Tito 2:1-5).

CONCLUSION

Leí en días pasados sobre una encuesta hecha a varias personas acerca de qué es un santo. Me sorprendieron las respuestas.

Uno dijo: "Santas son aquellas personas que hacen más fácil a otras el aceptar a Cristo". Otro dijo: "Un santo es una persona con convicciones espirituales que fue canonizado en vida". Y aun otro dijo "Santo es quien hace atractiva la verdad". ¿Interesantes respuestas, verdad?

Mas, santificarse es permitir que el Espíritu Santo nos separe del mundo para identificarnos con Cristo.

SANTIFICACION		
PASADA	PRESENTE	FUTURA
POSICIONAL	EXPERIMENTAL	AMBIENTAL
Dios forma la iglesia	El Espíritu reúne el cuerpo	Cristo reúne el rebaño
Romanos 8:29-30, 1 Corintios 1:2; Efesios 1:4; 2 Tesalonicenses 2:13, 1 Pedro 1:2	Romanos 6:19-22; 2 Corintios 3:18; 1 Tesalonicenses 4:5; 2 Timoteo 2:21; 1 Pedro 1:15-16	Efesios 1:14; 4:30; 1 Tesalonicenses 4:13-17; 5:23
Por el propósito de Dios (Romanos 8:28; Efesios 1:11; 3:11; 2 Timoteo 1:9)	Por operación de: a. La sangre de Cristo (Hechos 13:12) b. La palabra de Dios (Juan 17:17) c. La fe en Cristo (Hechos 26:18) d. La oración (1 Timoteo 4:5)	Por la aparición de Cristo y su intervención final (Tito 2:13)

Parte II

INTRODUCCION

La segunda parte de este volumen está dedicado especialmente a la aplicación de la doctrina a las necesidades humanas. Están incluidos desde el arrepentimiento, que es la primera reacción hasta la conducta dentro de la iglesia, que es el cuerpo de Cristo.

En este sentido, llama la atención que hayamos dedicado alrededor de veintisiete bosquejos para orientar el sentido espiritual de la vida cristiana. Primero, tuvimos en cuenta la persona *El cristiano*, y posteriormente la vida a la cual Dios lo ha consagrado, que apropiadamente hemos denominado *La vida cristiana*.

Dado la insistencia que en la actualidad tiene la obra del diablo, nos ha parecido mejor no incursionar demasiado en ese terreno, sino solamente preparar dos bosquejos sobre su actividad y un cuadro sobre su trayectoria según lo deducimos de las Escrituras.

Al igual que al preparar la primera parte de este libro, pienso que Dios tiene un gran propósito, y es mi deseo que sea grandemente bendecido por él.

BOSQUEJO No. 51

EL ARREPENTIMIENTO
Su Contenido y Significado

El arrepentimiento es un cambio de mente operado por una fuerza superior que es capaz de hacernos comprender que estamos errados en lo que hacemos. Esta fuerza podría incluso ser la circunstancia.

En el caso del evangelio es el Espíritu Santo (Juan 16:8-9) que aplica la palabra de Dios para mostrarnos nuestro pecado y producir el cambio consiguiente (Ejemplo Mateo 21:28-31).

1. Consideraciones

Como realmente estamos pensando en el evangelio, podemos decir que la palabra de Dios produce la "convicción" de pecado y también la decisión de cambiar nuestro modo de ser y vivir. Estos hechos deben producirse antes de aceptar el evangelio (Marcos 1:15; Hechos 20:21), antes que pueda llegar el perdón (Lucas 24:47) y antes que se produzca la conversión (Hechos 3:19). Sin convicción, no hay arrepentimiento; y sin arrepentimiento no hay conversión.

2. Análisis

a. El arrepentimiento no es solamente tristeza, es una decisión – 2 Corintios 7:10.

b. El arrepentimiento no es solamente expresión de deseos, es una orden de Dios – Hechos 17:30.

c. El arrepentimiento no es solamente manifestar nuestro error, es la convicción y el firme propósito de no hacer más lo malo – Lucas 13:3.

3. Evidencias

a. "Lo acepto" como una oportunidad de Dios: Dios permite que me arrepienta – Hechos 5:30-31; Romanos 2:4.

b. "Lo demuestro" por un cambio de actitud y de proceder – Lucas 10:13.

c. "Lo efectúo" por la confesión del pecado y la oración a Dios – Oseas 14:1-2; Lucas 18:13.

4. Frutos

La Escritura nos ofrece una buena cantidad. Veamos los siguientes:

a. Conversión – Lucas 15:7-10.

b. Perdón – Marcos 1:4; Hechos 2:38.

c. Recepción del Espíritu Santo – Hechos 2:38; 8:14-15.

d. Gozo – Gálatas 5:22.

e. Servicio – 1 Tesalonicenses 1:9-10.

CONCLUSION

De este tema se puede hablar mucho y hacer polémica, lo difícil es decir: "Reconozco mi error o mi pecado, lo confieso y me arrepiento".

Hace un tiempo oí a un hermano que puesto de pie y en público pronunció palabras similares. ¡Cuánto bien nos haría asumir la misma actitud que tantas veces esperamos de un incrédulo!

BOSQUEJO No. 52

LA FE
Su Contenido y Significado

La fe es una convicción personal fundada en alguien o en algún testimonio que no ha podido ser investigado, pero que en sí mismo merece confianza. Esta experiencia inicial supone un desarrollo hasta llegar a lograr una relación con el objetivo donde esa confianza ha sido colocada (2 Tesalonicenses 2:13; Santiago 1:6).

Así esa confianza (Hechos 11:1) colocada en la persona y obra de Cristo opera para nuestra salvación y bendición (Romanos 5:1-2; Efesios 2:8). El modelo de hombre de fe es Abraham y los que tienen ese tipo de confianza suprema reciben el nombre de "hijos de Abraham" (Romanos 4:12,16; Gálatas 3:9).

1. Las características de la fe

Al leer distintas Escrituras o episodios notamos que el tema es sumamente amplio y cubre por lo menos tres o cuatro campos importantes.

El primero es el que corresponde a la confianza genuina puesta en objetivos temporales como podría ser la tradición, personas o ritos, como el caso narrado por Cristo acerca del que fundó la casa sobre la arena (Mateo 7:26-27). Aquí la fe se caracteriza por obsecuencia y no experiencia, el fundamento elegido era sin valor, pero posiblemente había temor o incertidumbre para hacer cambios.

Un segundo caso es el de la persona con confianza fluctuante que cree, pero luego deja de creer (Mateo 13:20-21) y no llega hasta la posesión real del objetivo de esa fe (Hechos 4:2; 6:1). En este caso la fe, resulta inoperante para producir los cambios (Hechos 3:14-19) que aseguren la entrada a la salvación.

Un tercer caso es el de aquel que confiando en la palabra de Dios (Romanos 10:17) descansa en la obra de Cristo (Colosenses 1:4) y recibe por la operación del Espíritu Santo la salvación de su alma y plena confianza para apropiarse de las promesas del evangelio (Efesios 3:17; 6:16; Filipenses 1:25,27).

Quizás merece mención un cuarto caso, pensando que el Espíritu también otorga el "don" de la fe, que es una capacidad activa para creer que Dios va a realizar alguna obra fuera de las posibilidades humanas. Aun en el ámbito familiar de la iglesia tenemos promesas de sanidad por fe (Santiago 5:13) que están a nuestro alcance y para las cuales los requisitos son sencillos aunque llenos de contenido. Aquí la fe aparece como la posesión principal del cristiano (Hechos 10:22).

2. Las operaciones de la fe

Cuando leemos: "No temas, cree solamente" (Marcos 5:36), nos damos cuenta que la fe es el primer ejercicio de nuestra alma que nos permite conocer la vida (Romanos 1:17), estar firmes ante las dificultades (2 Corintios 1:24) y disfrutar por el Espíritu de todas las gracias de Dios (Romanos 5:2; 2 Corintios 5:7). La fe es el arma en la lucha (Efesios 6:16) que nos da la victoria (1 Juan 5:4-5) y la confianza en la eternidad (2 Timoteo 4:7-8).

3. Los resultados de la fe

Posiblemente algunos ejemplos puedan confirmar nuestro estudio. El centurión creyó y se sanó el siervo (Mateo 8:13), los ciegos recibieron la vista (Mateo 9:28-30); y Zaqueo fue salvo (Lucas 19:5-9), así como el carcelero en Filipos (Hechos 16:31) y miles más que creyeron en Cristo como Salvador y Señor (Hechos 8:12; 13:48).

CONCLUSION

Como tema, la fe es sumamente fácil. Se puede leer en la Escritura sobre ella, se puede aconsejar, se pueden señalar ejemplos, etcétera. Lo verdaderamente difícil es ejercitarla. Cuando Juan Wesley preguntó sobre cómo tener fe, Pedro Boehler le respondió: "Vive **por** fe, hasta que **tengas** fe". Para nosotros el consejo se traduce así: "Actúa con la fe que tienes y no te preocupes por la que deberías tener".

BOSQUEJO No. 53

LA VIDA ETERNA
Su Origen y Efectos

Por naturaleza vivimos en estado de muerte espiritual que la Escritura denomina "muertos en pecados" (Efesios 2:1) es decir, separados de la vida de Dios (Efesios 4:18) por estar sin Cristo (Efesios 2:12). El viejo hombre o la naturaleza carnal permanece siempre con nosotros, aunque juzgada en Cristo en la cruz para que no se enseñoree de nuestro ser (Romanos 6:10). El día que aceptamos a Cristo fuimos hechos partícipes de la naturaleza divina (2 Pedro 1:4) y en consecuencia poseedores de la vida eterna.

1. La presencia de la vida de Dios
1 Juan 5:12

Cristo dijo que era la vida (Juan 14:6). Si tenemos a Cristo, tenemos la vida. Este es el gran principio de la presencia de Dios. Recibimos esta vida por la fe (Juan 3:36) y por la fe también la compartimos (1 Juan 4:14). Sabemos que Dios es la fuente (Juan 5:24; Romanos 6:23) y el poder para la victoria (Romanos 8:1-3).

2. La calidad de la vida de Dios
Filipenses 4:8-9

Nuestra vida está limitada por nosotros mismos y las circunstancias, pero la que Dios nos da tiene funciones transformadoras (1 Corintios 6:11) porque proviene del Espíritu (Juan 6:63).

3. El disfrute de la vida de Dios
Romanos 6:23

Al tener la vida de Dios podemos tener comunión con él (1 Juan 1:3), podemos sentir su presencia y compartir su unión vital (Juan 15:1-3). Vivir y transmitir la experiencia de lo que nos ha dado también es disfrutar de la vida de Dios (1 Timoteo 6:17). En verdad es menester tomar conciencia de ello para que disfrutándola vivamos de acuerdo a sus demandas (1 Juan 2:5-6; 3:1-3).

4. El propósito de la vida de Dios
Tito 1:2

En principio es hacernos salvos y representantes victoriosos de esa salvación, es decir: Salvación (Romanos 6:23); descanso (Mateo 11:29) y comunión (Juan 12:24-26).

Si poseemos vida eterna no necesitamos publicarlo, solamente debemos vivirla (Filipenses 1:20-21; 2:16). Pero, además, es para llevarnos a la plena comunión con Cristo en el descanso eterno (Colosenses 3:3), porque no estaría completo el plan si no entráramos al reposo celestial (Tito 3:7; Hebreos 4:3; Santiago 1:12).

CONCLUSION

Se cuenta de un participante en los juegos olímpicos que mientras competía en una cancha de arena, se cayó dejando la marca del cuerpo en el suelo. Mirando las huellas dijo: "¡qué espacio pequeño necesitamos para que nos contenga, y pensar que vivimos para alcanzar al mundo!"

BOSQUEJO No. 54

LA ORACION
Los Fundamentos

La oración nace del principio de que como criaturas debemos buscar a Dios nuestro creador para adorarle (Salmo 95:6; Juan 4:23) y conocer su voluntad. Por ello, orar es ante todo reconocer la grandeza de Dios y buscar su propósito para nosotros (Mateo 7:7-11; comp. Salmo 90:13-17).

1. La doctrina de la oración

Sobre qué componentes descansa y cómo conocemos su efectividad, notamos:

a. Dios es personal y sensible (Génesis 20:17)

Por todo el texto bíblico podemos encontrar que Dios oye las rogativas y está dispuesto a modificar las circunstancias para que sus siervos le conozcan (Números 11:2; 21:7). Contrariamente a los dioses paganos, tiene todo poder para socorrer a sus criaturas por las que está vívidamente interesado (Nehemías 1:4; 2:4; Jeremías 29:12).

b. Jesucristo es el medio establecido
(Juan 11:22; 14:3)

El mediador (1 Timoteo 2:5) está sentado en el trono de la gracia (Hechos 4:16) para atender a nuestras súplicas en todo tiempo y darnos por gracia respuestas oportunas (Juan 14:13-14) a nuestras múltiples necesidades. Con el ejemplo de los evangelios conocemos lo que puede darnos y el modo en que debemos pedirle (Mateo 6:9; 9:2-3; Lucas 10:2; comp. Juan 15:7-8).

c. El Espíritu Santo como guía (Romanos 8:14)

Tenemos la garantía de la presencia del Espíritu Santo, como guía segura (Romanos 8:26). Nos ayuda en nuestra debilidad para que pidamos como conviene a su voluntad. Nos señala las miles de promesas que tenemos en Cristo y las vivifica en nosotros para que pidamos con fe y seguridad (Efesios 6:18; Judas 20).

2. La exigencia de la Escritura

De la lectura de la Biblia podríamos rescatar algunas condiciones básicas que debe reunir nuestra oración. En Mateo 6:7, leemos de "orar en secreto" quizás apuntando a que debe ser un acto de humildad. Luego en Hechos 12:5 dice que "la iglesia hacía sin cesar oración a Dios" por Pedro, para destacar la fe que debemos añadir a la súplica (Marcos 11:24).

En Lucas 6:28 dice "orad por los que os calumnian", para reforzar el principio del perdón para los que causan ofensas (Mateo 6:14-15).

Las oraciones se pueden realizar en todas partes (Marcos 1:35) sea lugar solitario, en la prisión (Hechos 16:25) como en cualquier otro lugar (1 Timoteo 2:8; 5:17-18).

3. La garantía de la oración

También en la Escritura leemos que "cualquier cosa que pidiéramos, la recibiremos de él, porque guardamos sus mandamientos, y hacemos las cosas que son agradables delante de él" (1 Juan 3:22; comp. Juan 14:21; 1 Juan 3:10).

CONCLUSION

Recuerdo la visita de un hombre en busca de ayuda para su matrimonio en vías de disolución. Hablamos largamente sobre las causas. Se veía la frustración en su rostro por haber obrado mal y sus constantes reproches.

"Obré mal"; no debí reaccionar así" —decía—. Le pregunté ¿Se animaría a decirle eso mismo a Dios? No, no se lo diría

—respondió— pero, me lo acaba de decir a mí, ¿cree que Dios no le oyó? Sí, pero no me atrevo a hacer confesiones tan directas, ¿por qué no lo hace usted por mí? No, yo no puedo confesar sus faltas, es un deber y privilegio suyo, solamente puedo ayudarle, fue mi respuesta.

La confesión, con corazón sincero y arrepentido, con humildad, sin pretensiones egoístas, es requisito para que la carga de nuestro pecado sea quitada y el gozo del perdón recibido restituya la paz a nuestro corazón agobiado (Salmo 32:1-7).

BOSQUEJO No. 55

LA ORACION
Sus Ingredientes

Varios ingredientes deben estar presentes para que la oración reúna las características bíblicas. Además de saber que Dios espera nuestra actitud en dependencia (Salmo 27:8; Isaías 43:21) y que por haberla descuidado hemos sufrido grandes males (Salmos 32:5; Deuteronomio 9:13-14), debemos atender a la exhortación de que debemos orar sin desmayar (Lucas 18:1; Colosenses 4:2; 1 Tesalonicenses 5:17; 2 Tesalonicenses 3:1).

Así lo hizo el Señor Jesús, en cuya vida nunca faltó su dependencia de Dios (Lucas 3:21-22; 5:16; 6:12; 9:18; 9:28; 11:1; etcétera). De la lectura de estos textos y de otros que proponemos surgen los siguientes elementos integrantes:

1. La contemplación de Dios
Salmo 103

Ninguna plegaria puede desarrollarse sin saber a quién está dirigida. Es difícil mirar el destino, sin loar a Dios, sin saber que debemos darle alabanza, adoración de todo corazón (Exodo 15:11; Nehemías 9:5; 12:46; Salmos 56:12; 71:8; 78:4; Filipenses 1:11; 4:8) por lo que es en sí y por la condescendencia que ha mostrado con los pecadores.

Además, todo esto conduce a la gratitud o acción de gracias (1 Corintios 1:4; Efesios 1:16; 5:20; Colosenses 1:3; 1:12; 3:17; etcétera) que debe ser el ingrediente esencial en la oración (Ejemplo Hechos 4:24-31).

2. La necesidad que tenemos
Marcos 6:12

Tampoco podemos acudir a recibir la bendición, sin reconocer previamente los obstáculos internos que interfieren en ello, que son nuestras faltas, pecados; errores o malas inclinaciones. Esto debemos confesarlo antes de todo (Esdras 10:1; Nehemías 1:6; 9:2; Salmo 32:5; 1 Juan 1:9) y luego prepararnos para suplicar (1 Reyes 8:33; Salmo 55:1).

3. La provisión que esperamos
Mateo 7:7-11

"El Señor Jesús enseñó a orar por todo lo que nos hace falta (Lucas 21:36) y así también lo hicieron los apóstoles (Hechos 1:14; 6:4; 20:36). Naturalmente que en nuestra rendición a él están las condiciones para que la respuesta llegue, entre ellas está la sinceridad (Mateo 6:5-7), la perseverancia (Romanos 12:12), así como la fe de que Dios nos oye (Santiago 1:6) y el anhelo de vivir en obediencia al Señor (Romanos 16:19; 2 Corintios 10:5-6; 1 Pedro 1:22; 1 Juan 3:22).

CONCLUSION

La oración no es una conquista de Dios, sino la conquista de nuestra voluntad puesta a su servicio (Marcos 9:22-23).

BOSQUEJO No. 56

LA ORACION
El Sentido

Nada hay más importante para un cristiano que la oración. Por ella llegamos a la posesión de Cristo (Hechos 9:11) y con ella nos mantenemos en comunión con él. Es más fácil hablar de la oración que practicarla. Es simple y profunda, es fácil, pero cuesta mucho, un niño la entiende, pero ni un filósofo la discierne.

1. ¿Qué es orar?

Es conectarnos silenciosamente a la fuente de poder que suple nuestra necesidad, es iluminar con el sol el valle oscuro de nuestra experiencia. Es disponer de la grandeza de Dios para nuestra insignificancia. Orar es reconocer la capacidad Suya para resolver todos nuestros problemas con la verdadera solución (Marcos 11:22-26; Juan 15:7-8; Judas 20).

2. ¿Quiénes deben orar?

Podríamos agregar una buena lista de personas que pueden orar, que abarca prácticamente a todos.

a. Aquellos en cuyos corazones no hay pecado (Salmo 66:18-20)

b. Quiénes se arrepienten y buscan el camino de Dios, de salvación (Lucas 18:13-14)

c. Los que poseen fe y temor para esperar en El Salmo 145:18-19)

d. Los que muestran su amor por obedecerle (1 Juan 3:22)

e. Los que están en Cristo (Salmo 37:4; Juan 15:7).

3. ¿Cuándo debemos orar?

Las Escrituras dicen que debemos hacerlo siempre (Lucas 18:1; Efesios 6:18; 1 Tesalonicenses 5:17). Lo debemos hacer mientras vivamos (Salmo 116:1-2); en nuestras caídas (Salmo 51); en la hora de angustia (Salmos 5:2; 18:6; 25,17; 107:6) o en los momentos de felicidad (Salmo 30:11-12).

Podemos hacerlo de noche (Lucas 6:12; Hechos 16:25); al tomar alimentos (Mateo 14:19; Hechos 27:35; 1 Timoteo 4:3); temprano a la mañana (Salmo 5:2-3; Marcos 1:35); o tres veces al día (Deuteronomio 6:10).

4. ¿Por quiénes debemos orar?

Debemos orar por nosotros mismos (2 Corintios 12:7-8; Filipenses 4:6); por otros (Efesios 6:19; Colosenses 1:9); por los siervos de Dios (Colosenses 4:3); por los enfermos (Santiago 5:16); por la extensión del evangelio (1 Tesalonicenses 1:2-3) y por todos (1 Timoteo 2:1).

CONCLUSION

Hace unos años volaba en un pequeño avión de turbo-hélice entre dos ciudades argentinas. De pronto se detuvo uno de los dos motores y comenzamos lentamente a perder altura. La pasajera a mi lado, sobrecogida de gran pánico comenzó a ensayar varios tipos de rezos que acompañaba con abundantes movimientos de las manos.

¿Qué sucede señora?, le dije; estoy nerviosísima por lo que pueda ocurrir, respondió mientras continuaba con sus gesticulaciones. No se preocupe, señora, Dios nos llevará felizmente a destino, estoy seguro que ha oído mi oración. ¡Qué Dios lo oiga!, replicó aminorando el ritmo de sus movimientos. Seguro, Dios me ha oído ¿y a usted? pregunté. Yo no sé, me dijo, mientras ambos veíamos cómo el piloto se disponía a tocar pista.

Allí aprendí que la oración pone a Dios en el alma.

BOSQUEJO No. 57

LA ORACION
Sus Características

En principio debemos saber que la oración en el Antiguo Testamento está basada sobre el carácter inmutable de Dios, por eso muchos de los que rogaban a Dios lo hacían recordando sus promesas. Por ejemplo, Abraham en Génesis 18:25 dice: "El Juez de toda la tierra ¿no ha de hacer lo que es justo?" (ver también Exodo 32:11-14).

Además, se descubre que confiaban en que Dios siempre contesta, aunque no siempre conforme a sus planes. Esto se ve en la oración de Daniel (9:4-19).

Los creyentes dependen de la gracia que es la expresión actual del carácter de Dios (Juan 14:13). En este sentido la oración debe reunir las siguientes características:

1. Debe descansar en la fe
Marcos 11:24

Si leemos 1 Pedro 1:5-9, descubrimos que la fe es el fundamento de toda la vida cristiana, ya sea en cuanto a la salvación (v.5) como en el ejercicio (v.7), gozo (v.8) y consumación (v.9). Siendo así: "todo lo que pidiereis orando, creed que lo recibiréis, y os vendrá".

Pedir orando, significa depender de Su grandeza y poder; como vemos, por ejemplo en el Salmo 62:5: "Alma mía, en Dios solamente reposa, (comp. Salmo 37:7).

2. Debe ser fortalecida por el Espíritu Santo
Judas 20

Romanos 8:26-27, dice que el Espíritu ayuda, porque nosotros ignoramos todo lo que involucra la oración. Probablemente "intercede" no solamente ante Dios, sino también interviniendo dentro del creyente iluminándole con respecto a lo que debe pedir. Una actitud similar hallamos en Efesios 6:18.

3. Debe ser dirigida a Dios Padre
Juan 15:16

Nuestra oración debe estar dirigida a Dios (Hechos 12:5) nuestro Padre (Mateo 6:8; Juan 16:23) por medio del Espíritu Santo (Judas 20), en el nombre de Jesucristo (Juan 14:13; 15:16; 16:23-24).

El mismo Señor Jesús enseñó a orar: "Padre nuestro que estás en los cielos ..." (Lucas 11:2) para que supiéramos que Dios es nuestro padre. Posteriormente reiteró: "Yo rogaré al Padre" (Juan 14:16; comp. 16:26; 17:15) para corroborar el gran principio de que Dios está a nuestro lado en calidad de Padre. Leemos lo mismo en las epístolas (Efesios 3:14; Colosenses 4:3; 2 Tesalonicenses 1:11).

A pesar de esta enseñanza básica, muchas veces las oraciones fueron elevadas al Señor Jesús y recibieron su aprobación y respuesta (Lucas 5:12-13; Hechos 1:24). No hallamos en cambio oraciones dirigidas al Espíritu Santo.

CONCLUSION

Si el motivo de la oración es la gloria de Dios, su respuesta será abundante y sorprendente (2 Reyes 19).

BOSQUEJO No. 58

LA ORACION
El Medio

Resulta muy fácil decir que debemos orar en el nombre de Jesús, simplemente porque agregamos "en el nombre del Señor Jesús" al final de lo que decimos. Estamos seguros que esta práctica no es la que hace que una oración sea elevada en su nombre, sino otras razones.

Por ejemplo:

1. Oramos en el nombre de Cristo
porque él nos redimió
Romanos 3:24-25

Podríamos preguntarnos ¿qué tienen estos dos versículos que ver con la oración. En principio diríamos nada, pero no es así porque Dios "puso", es decir, colocó a Cristo entre nosotros y él. Lo hizo para que fuera visto de todos modos mediador, y en "propiciación", es decir, como medio por el cual la barrera del pecado entre nosotros y Dios fuera quitada, porque el poder del pecado fue anulado (Hechos 2:17; 1 Juan 2:2; 4:10) por el sacrificio misericordioso de Jesucristo.

El triunfo de Cristo es básico para el cumplimiento de lo que solicitamos porque si el nombre de Cristo no está sobre todo otro nombre todo es en vano (Efesios 1:20-23).

2. Oramos en el nombre de Cristo porque
tenemos el Espíritu Santo
Efesios 6:18

Jesús mismo prometió que el Espíritu tomaría de lo suyo y nos lo haría saber (Juan 16:14). Los creyentes llenos del Espíritu solamente hablaban como él les guiaba (Hechos 2:4) y cuando oraron lo hicieron apoyados en su guía (Hechos 4:24-31ss).

Dios busca adoradores que lo hagan en Espíritu (Juan 4:24) y en verdad. Esto es también la consecuencia de la obra de Cristo.

En Judas 20/21 leemos: "Pero vosotros, amados, edificándoos sobre vuestra santísima fe, orando en el Espíritu Santo, conservaos en el amor de Dios, esperando la misericordia de nuestro Señor Jesucristo para vida eterna".

3. Oramos en el nombre de Cristo
porque vivimos como nos mandó
Juan 15:7

El nombre de Cristo implica disposición a la confesión (1 Juan 1:9) de nuestros pecados, recurriendo al abogado que está a nuestro favor, (1 Juan 2:1\2) y garantía de que hemos de vivir, y por consiguiente pedir, conforme a su voluntad. "En el nombre de Jesús" significa que estamos viviendo como él mandó (comp. Isaías 1:19; Zacarías 6:15).

CONCLUSION

La oración no es elocuencia sino sinceridad (Lucas 18:1-8), es preparación para recibir respuestas (Proverbios 28:9; Mateo 3:22 -23; Hechos 11:6; Santiago 4:3).

BOSQUEJO No. 59

LA ORACION
Su Tema

La oración debe ser definida: "sean conocidas vuestras peticiones" (Filipenses 4:6) o "si algo pidiereis ..." (Juan 14:14). Es una de las fallas corrientes en nosotros, y que se nota cuando no podemos hallar la respuesta a una rogativa. Es que, ni aun creemos que puede haber respuesta, sino que nuestra solicitud en forma genérica parecería tranquilizarnos sin comprometernos.

Supongamos que vamos a un negocio a comprar y nos hallamos con un amigo que nos pregunta ¿qué vinimos a comprar? y la respuesta es: No sé. Entonces ¿a qué viniste a la tienda? Tampoco sé. ¿Qué pensaría esa persona de nosotros?

1. Debemos orar por nosotros
1 Crónicas 4:10

"E invocó Jabes al Dios de Israel, diciendo: ¡Oh, si me dieras bendición, y ensancharas mi territorio, y si tu mano estuviera conmigo, y me libraras de mal, para que no me dañe! Y le otorgó Dios lo que pidió". "Si me dieras bendición" significa, si me perdonaras, si te acercaras a mí, si me miraras, etcétera. Era una petición por él y su necesidad. Así, también debemos hacer nosotros tal como lo aprendemos del Salmo 51:1; "Ten piedad de mí, oh Dios, conforme a tu misericordia ..." (comp. Juan 17:11).

2. Debemos orar por los que están alrededor nuestro
Santiago 5:16

Los que están entre nosotros pueden ser nuestros familiares (2 Samuel 7:27-29), algunos quizás inconversos o pasando por malos momentos. Pero sobre todo la oración debe estar impregnada de profunda fe en la respuesta.

Los temas pueden variar: "que vuestro amor abunde ..." (Filipenses 1:9); "que seáis llenos del conocimiento" (Colosenses 1:9); "que el Señor nos abra puerta" (Colosenses 4:3; 2 Tesalonicenses 1:11); "que la palabra del Señor corra" (2 Tesalonicenses 3:1; comp. Hechos 12:5).

3. Debemos orar por los extraños
1 Timoteo 2:1

El Señor enseñó a orar por los enemigos (Lucas 6:28), él mismo lo hizo (Lucas 23:34) y posteriormente Esteban (Hechos 7:60). La oración es el medio para confiar en que Dios preparará todo para que vivamos en su voluntad.

CONCLUSION

1. Gedeón oró con visión (Jueces 6:36-37)
2. David oró con expectativa (Salmo 62:5)
3. Daniel oró con confesión (Daniel 9:4-5)

BOSQUEJO No. 60

EL EVANGELIO
Su Origen

El evangelio es el mensaje de las "buenas nuevas" de parte de Dios acerca de la salvación por medio del Señor Jesús. En consecuencia es una comunicación que se puede dar libremente (Mateo 9:35; Marcos 13:10), convencidos de que como único medio de salvación produce cambios totales en las vidas de las personas.

En el evangelio están los verbos "proclamar"; "anunciar"; "testificar" (Hechos 8:4; 8:5; 10:39), así como "dar a conocer" (Romanos 16:26; Efesios 1:9; 6:19) y "comunicar"; todo lo cual importa la actividad de Dios en favor de nuestras almas.

1. El evangelio de Dios
Romanos 1:1

Tanto Pablo como los demás predicadores, estaban seguros que el mensaje que transmitían era de Dios (1 Tesalonicenses 2:13), porque en su corazón había nacido el propósito de la salvación (Juan 3:16) por medio de un don o regalo indescriptible (2 Corintios 9:15).

Es el único mensaje que viene de tan lejos, que alcanza a todos los hombres de todos los tiempos y que ofrece resultados imperecederos (comp. 2 Corintios 11:7; 1 Timoteo 1:11).

2. El evangelio de Cristo
Marcos 1:1

Es imposible identificar al evangelio con ninguna otra doctrina que no sea Cristo mismo. El, es el centro desde donde quiera que estudiemos el tema, porque vino para salvarnos (Mateo 11:28; Juan 8:36), saciarnos (Juan 7:37) y buscar a los perdidos (Lucas 19:5). Se constituyó —en virtud de su victoria— en el objetivo de la predicación apostólica (Hechos 5:42; 1 Corintios 1:23) y centenares fueron salvos.

3. El evangelio de la salvación
Efesios 1:18

De acuerdo al énfasis que se le quiera dar puede ser el "evangelio de la Paz" (Hechos 10:36) o "la palabra de la cruz" (1 Corintios 1:18) o "de verdad" (Santiago 1:18), pero en todo se ve que las buenas nuevas pueden alcanzar a cualquier tipo de gente en cualquier lugar que estuviese, solucionando todas sus necesidades.

Buen hincapié hacen todos los predicadores sobre cuatro temas sobresalientes de la obra de Cristo:

a. Que murió por nuestros pecados (Romanos 5:8; 1 Corintios 15:3)

b. Que resucitó triunfante para darnos libertad (Romanos 4:25; 2 Corintios 5:15)

c. Que vive como nuestro Señor (Romanos 5:10-11; Efesios 4:5; 1 Juan 2:1-2)

d. Que vuelve para llevarnos al descanso eterno (1 Tesalonicenses 4:13-17).

CONCLUSION

El evangelio es un tema grato para compartir porque produce resultados tanto en el que habla como en el que recibe. En el que habla porque se alimenta, se robustece en la fe, confirma lo que sabe y siente los efectos retroactivos. Frecuentemente cuando no compartimos el mensaje nos quedamos aislados y sin respuesta a nuestras mismas incógnitas.

En una oportunidad me visitó una hermana que tenía dificultades en el crecimiento espiritual, y dijo cuan atormentada se encontraba porque una compañera de trabajo le había cargado de problema.

¿Le presentaste la solución en Cristo?, le dije. No, no lo hice. Cómo, ¿no le testificaste de tu fe?, repliqué. No, pero ella algo sabe. Ella sabe "algo" y ¿quién le va transmitir el resto?, solamente tú y nadie más; es el medio que Dios te da para tu crecimiento espiritual, fue mi respuesta.

Una de las razones por las que la hermana no crece es porque no comunica el evangelio a los demás. Se reserva sus experiencias, y no se anima a dar de lo que tiene.

El mejor medio de conocer la eficacia del evangelio es transmitirlo y ver cómo cambia la vida de otros.

BOSQUEJO No. 61

EL EVANGELIO
Su Contenido

Como es un mensaje de gracia (Romanos 3:24) el contenido nos anuncia lo que Dios tiene para nosotros. Paulatinamente vamos verificando que la llamada "palabra de la cruz" (1 Corintios 1:18) es un anuncio rico en bendiciones para el presente y también para el futuro.

1. El evangelio trae la gracia
Tito 3:5-7

¿Cómo sabríamos del amor de Dios si no hubiera llegado el mensaje con su hermoso contenido de gracia precisamente en el momento de la desesperación que plantea el texto? ¿Cómo conoceríamos la paz con Dios y todas sus implicaciones si no fuera por lo que el evangelio nos enseña? (Efesios 6:15). El evangelio, por su contenido irrumpe en nuestra vida y nos transmite el plan de Dios (leer Gálatas 4:5; Efesios 2:5,8).

2. El evangelio es poder
Romanos 1:16

¿En qué consiste ese poder? Precisamente en la capacidad de poner toda la fuerza y autoridad de Dios en funcionamiento (Efesios 1:19-21). Nos imparte la naturaleza divina (2 Pedro 1:4), nos da la victoria sobre Satanás y sobre nosotros mismos (Romanos 12:21), nos permite proclamar la libertad (Romanos 6:20-22) de todos los mecanismos del pecado.

El evangelio como poderoso instrumento en nuestras manos, nos hace responsables ante Dios de su empleo para llevar la liberación provista por Dios.

3. El evangelio concede esperanza
Tito 2:13

Vivimos en un mundo sin esperanza. Las voces que proclaman paz no tienen arraigo en que fundarla. Los tratados y documentos no ofrecen garantía, el mundo está en declinación y muerte. Pero, Dios que no cambia, ofrece una ciudadanía duradera (Filipenses 3:20), con perfeccionamiento (1 Juan 3:1-3) constante. El evangelio de la esperanza aporta constantemente nuevas evidencias de cambios (2 Corintios 4:6; Filipenses 4:18) hasta culminar con la venida del Señor.

CONCLUSION

Moody decía que una vez visitó una importante finca, con frutales, productos de granja, etcétera y que el propietario le dijo: "Señor Moody, si hay algo en la huerta o viñedo que usted quiera es suyo. Vaya, tómelo y llévelo".

El evangelista se dio cuenta entonces, que no debía ir hasta una manzana y rogarle que cayera dentro de su bolso, no; si la arrancaba, ya era suya. Sólo debía apropiarse de la bendición.

BOSQUEJO No. 62

EL EVANGELIO
Sus Bendiciones

En Romanos 15:29 leemos de las "bendiciones del evangelio" como un conjunto de dádivas a disposición de los hombres. Es mucho lo que nos da, tanto para el presente como para el futuro.

Cuando el apóstol Pablo visitaba a los creyentes era como si el mismo evangelio les diera la oportunidad de conocerlo y compartir sus beneficios y las maravillas distribuidas por Dios. Veamos algunas:

1. El perdón de los pecados
1 Juan 2:12

Grande es compartir el gozo del perdón, hablar de él, comunicarlo a los demás, como un deleite (Romanos 4:7) y no como recompensa por obras hechas, sino como un derramamiento de la gracia (Efesios 4:32) que vivifica y colma la vida (Colosenses 2:13).

2. La justificación de la culpa
Hechos 13:39

El compartir con otros que Dios aceptó la obra de Cristo consumada en la cruz al punto de aplicar en él el fallo judicial que debería haber recaído sobre nosotros y que esta gran verdad está al alcance de todo aquel que cree, es realmente glorioso (Romanos 8:35).

La salvación no solamente cambia la vida, también transforma el estado jurídico de reo a perdonado (1 Corintios 6:11).

3. La paz con Dios
Romanos 5:1

Ya de por sí la paz es una enorme bendición y tanto más cuanto quien ha sido ofendido es el que la otorga. Paz sin límite de tiempo y sin condiciones, porque fue lograda por Cristo para siempre (Efesios 2:14).

Grato es participar a todos que Dios, como la fuente de la paz, nos llena de su plenitud (2 Corintios 13:11) con la quietud del Espíritu Santo (Romanos 15:33; 16:20).

4. El acceso a la presencia de Dios
Hechos 10:19-22

El gran problema de las religiones es no poder tener ninguna comunión con sus dioses. Los recuerdos que guardan los fieles es de un soberano que interviene solamente para castigarlos, pero no responde a sus necesidades, ni contesta a sus peticiones.

Nosotros entramos a la presencia de Dios para agradecer (1 Corintios 15:57; Filipenses 4:6); para adorar (Juan 4:23; Efesios 5:19; Filipenses 2:10); de modos diversos y en diferentes circunstancias, pero siempre en calidad de sacerdotes (1 Pedro 2:5,9).

5. La vida eterna "para siempre"
Juan 5:24

Parece una redundancia hablar de la vida eterna "para siempre", pero lo que queremos decir es que poseemos vida ahora y no concluye aquí sino que se prolonga en la gloria (Romanos 6:23).

Conversar sobre este tema es vivir con intensidad los resultados de lo que Dios ha comunicado. Nos dio su propia vida, nos satisfizo con su sustancia (Hechos 3:1; 3:14); porque somos participantes de Cristo.

CONCLUSION

Leí una historia que me llamó la atención. Un militar cristiano recorría el taller de herrería en una fábrica a su cargo, cuando vio a un joven, ennegrecido por el humo, hierros y tareas propias de su función. Al llegar al despacho, lo hizo llamar con urgencia. El operario quería higienizarse y prepararse, pero la premura del llamado no se lo permitió.

Ya frente a su superior, oyó estas palabras: "García, estoy muy feliz de ver que usted obedece las órdenes, es el modo en que debe ir al Señor Jesús, vaya tal como se encuentra y ruéguele que lave su alma".

El muchacho aceptó a Cristo como Salvador personal.

BOSQUEJO No. 63

EL EVANGELIO
Su Alcance

Además de ser un mensaje personal del amor de Dios, el evangelio tiene como objeto la salvación de cada uno (Efesios 1:13). Es portador de todo tipo de bendición espiritual (Romanos 15:29) y muestra el futuro promisorio para los creyentes (2 Corintios 4:4-6).

En consecuencia, todos deberíamos tomar la iniciativa de unirnos en el testimonio para comunicarlo con nuestras vidas. Tomemos en cuenta estas pautas:

1. El lugar para predicar: "todas partes"
Hechos 8:4

El Señor Jesucristo enseñó que un buen comienzo es el hogar (Marcos 5:19), pero todas las ciudades, pueblos y aldeas deben estar en nuestros corazones (Marcos 1:38; 7:36), y con el respaldo del testimonio personal. Es imposible predicar experiencias ajenas (Filipenses 1:27-29), pero sí aquellas ya vividas.

2. Los propósitos de la predicación
"salvación de los que creen"
Romanos 10:9-13

No nos predicamos a nosotros mismos ni a nuestras obras, predicamos a Cristo (1 Corintios 1:22-23; 2 Corintios 4:5), para la salvación y perfección de las almas (Colosenses 1:27-28). Dios quiere que el evangelio sea un mensaje entero, completo, que restituya a la persona a la comunión con El (1 Pedro 4:1-6) y cumpla con sus exigencias.

3. Los resultados en los oyentes:
"muchos creyeron"
Hechos 4:32

Generalmente las buenas nuevas produjeron resultados dispares (Hechos 17:12; 17:34) y los que creyeron tuvieron que sufrir por su decisión (Hechos 16:20-22). Pero, con la venida del Espíritu Santo a sus vidas, no solamente fueron vitalizados sino que tuvieron el poder para la victoria.

Predicamos con fe y con la esperanza de que Dios hará una obra completa (Hechos 16:30-34).

CONCLUSION

Una parte de una historia misionera muy interesante, dice que un cocinero en una misión africana colocó a la entrada de la cocina el conocido texto bíblico: "Dios es amor", pero añadió otra leyenda debajo: "Prohibida la entrada", de modo que la lectura de ambas hacía difícil de entender el sentido del amor de Dios que aquel cristiano tan original quería transferir.

¡Cuidado con comunicar dos mensajes dispares! Lo que predicamos no debe contradecir lo que vivimos.

BOSQUEJO No. 64

EL EVANGELIO
Su Singularidad

La salvación de los hombres es en primer lugar una misión asumida por Cristo. Para las gentes de Palestina no resultaba claro el pregón: "Arrepentíos y creed en el evangelio" (Marcos 1:14-15). Necesitaban una mayor explicación de cómo el mensaje podía ser aplicado en forma individual para el perdón de los pecados.

Jesús mismo cumplió esa tarea con los doce, al prepararlos para contactos con los individuos y predicarles el evangelio. Nosotros debemos esforzarnos en continuar los planes de Dios y extender el mensaje a toda criatura.

1. La predicación propone un plan que requiere "compromiso"
2 Timoteo 4:2

Realmente ser cristiano es haber adoptado un estilo de vida espiritual que luego de entronizar al Señor en el corazón hace de él su amo en todo. El propósito de Dios al escoger un pueblo propio es discipularlo para trasferirle su vida.

La predicación de la palabra, era para Timoteo proclamar el evangelio con diligencia, con urgencia y vehemencia (2 Timoteo 2:15).

Era usar los tiempos, las horas, el descanso o la actividad para sumergirse en la vasta función de la proclamación (comp. 2 Pedro 1:10).

2. La predicación presupone una acción luchadora
2 Corintios 4:1,11

En esto nos sentimos animados por la omnipotencia de Cristo (Mateo 28:16/20) luego de su espectacular victoria sobre Satanás (Juan 16:33; Hechos 2:14).

Amamos su victoria y nos apropiamos de ella (1 Corintios 15:57) por la fe (1 Juan 5:4). Sin embargo, confesamos que sin el quebrantamiento de nosotros mismos el dominio del régimen del Espíritu (Romanos 7:6) no sería efectivo y en la batalla no contaríamos con todos los componentes de la armadura de Dios (Efesios 6:11-17).

Al saber que tenemos una lucha implacable debemos echar mano de todo lo que Dios pone a nuestra disposición (2 Corintios 6:7; 1 Tesalonicenses 5:8).

3. La predicación prepara un ambiente expectante
Romanos 10:8

La expectativa se centra en el impacto que el mensaje produce en los corazones que escuchan (Hechos 2:14, 37), especialmente por su poder dinámico e incontenible capaz de atropellar todos los obstáculos del enemigo (Hechos 14:15) para iluminar las mentes pecadoras para vida eterna (2 Corintios 4:4-6).

El evangelio en su poder expansivo puede aniquilar las fuerzas de las tinieblas alumbrando el sendero con rayos de eternidad (2 Corintios 1:10-11; comp. Salmos 119:89; 119:104).

CONCLUSION

Una anécdota sobre la comunicación del evangelio puede ser de ayuda.

Un cristiano fogoso, sin demasiadas nociones sobre transmitir el mensaje se dispuso a trabajar puerta por puerta.

—¿Hay cristianos en esta casa?

—No sé, respondió un joven, yo me llamo González.

—No entiendes muchacho, me refiero a si hay alguno "perdido" y otro "salvado".

—¡No sé! Aquí, nadie se perdió. Yo tengo dieciocho años y nunca me perdí.

—Pero, es que..., siguió el evangelista novicio, ¿dónde estarás en el día del juicio?

—No sé. ¿De qué día se trata?

—Bueno, de un día que viene, que no sabemos cuál será.

—Es mejor, entonces, que lo averigüe bien y nos avise para reservarlo; me gustaría estar presente.

El "predicador" salió totalmente frustrado por la carencia de elementos básicos en la comunicación de la salvación.

BOSQUEJO No. 65

EL CRISTIANO
Su Filialidad: Hijo de Dios I

Nosotros somos hijos de Dios porque tenemos la naturaleza de nuestro Padre (2 Pedro 1:4). En Filipenses 2:15 dice que debemos vivir irreprensiblemente y con sencillez, como hijos de Dios en medio de una generación maligna. También debemos ser limpios y santos 1 Juan 3:1-2).

Convendría estudiar algunos detalles:

1. La base de la relación
"a todos los que le recibieron" —Juan 1:12

La filialidad no es una tradición, no se consigue por una ceremonia, ni tampoco por obras, sino por recibir a Cristo (Gálatas 3:26; 1 Juan 5:10-12).

2. La confirmación de la relación
"El Espíritu mismo da testimonio a nuestro espíritu de que somos hijos de Dios" —Romanos 8:16

El nuevo nacimiento vivifica nuestro espíritu (Efesios 2:1-3). El Espíritu Santo garantiza que pertenecemos a Dios (2 Corintios 1:22; 5:5). El Espíritu es el mejor testigo para la nueva relación con Dios.

3. La evidencia de la relación
"imitadores de Dios"
Efesios 5:1

Los hijos llevan la genética de los padres, y los cristianos las características morales de Dios (Mateo 5:44-45;

1 Tesalonicenses 5:5; 1 Pedro 1:14-15) las que todos los semejantes deben observar (1 Juan 3:10).

4. La consecuencia de la relación
"seremos semejantes a El"
1 Juan 3:1-2

Dios nos envió su Espíritu Santo y clamamos: "Abba Padre" (Gálatas 4:6). El Espíritu además nos prepara para el día de la redención (Efesios 4:30). En base a esto sentimos la confirmación de que "seremos semejantes a él" (1 Corintios 15:51-56; Filipenses 3:20-21).

5. El efecto de la relación
"nacido de Dios, no practica el pecado" —1 Juan 3:9

El pecado es el producto de la vieja naturaleza heredada de Adán, al nacer. Cuando aceptamos a Cristo recibimos una nueva naturaleza, cuyos resultados se deben notar (Efesios 2:10) por cuanto el pecado como amo fue vencido en la cruz (Romanos 6:14; 8:3).

CONCLUSION

Visitando una iglesia me encontré con un hombre singular. Me dijo que frecuentaba el juego y era constantemente detenido por la policía. De hogar pobre, bajo esas condiciones no le esperaba más que la bancarrota. Pero, cuando aceptó a Cristo, las cosas cambiaron y aun la policía no le creía, su vida transformada pudo más.

Adquirió su primer camión de carga, con el que realizó un intenso trabajo. Finalmente cambió ese vehículo por otro mejor y también adquirió vivienda propia. La última vez que lo vi, noté la gran transformación operada por el evangelio haciéndole un hombre nuevo, laborioso y servidor del Señor.

BOSQUEJO No. 66

EL CRISTIANO
Su Filialidad: Hijo de Dios II

"Mas el fruto del Espíritu es amor, gozo, paz, paciencia, benignidad, bondad, fe ..." (Gálatas 5:22).

1. Prueba: "Bienaventurados los pacificadores, porque ellos serán llamados hijos de Dios" Mateo 5:9

Dios amó —y ama— (Juan 3:16) y lo hizo de tal manera que nosotros los pecadores (Romanos 5:8) podamos ser hijos de Dios. Si así ama el Padre ¿cómo deben hacerlo los hijos? Nada menos que "amando a los enemigos" (Mateo 5:44), que es el modo divino de traer la paz. La lucha es señal de inmadurez (1 Corintios 3:3; Filipenses 1:15), pero la paz, de sobriedad (Efesios 4:3; Filipenses 4:7,9; Colosenses 3:15).

2. Base: "Pues todos sois hijos de Dios por la fe en Cristo Jesús" Gálatas 3:26

La confusión que tenían los hermanos de la Galacia nacía precisamente de ignorar lo que la fe había hecho con ellos (Gálatas 3:7-14). Los hijos engendrados por Dios mediante la fe en Cristo, viven unidos a él cumpliendo sus deseos (Efesios 5:1; 5:8).

3. Evidencia: "los que son guiados por el Espíritu de Dios, éstos son hijos de Dios" Romanos 8:14

La sumisión es una característica de los hijos ¡cuánto más de los de Dios! que por fe y gracia han entrado en la familia celestial (Efesios 3:15). Los hijos andan en el consejo y poder del Espíritu, él guía su camino. Dicho en otros términos si alguien se somete a la dirección y voluntad de Dios es porque es un hijo de Dios (Gálatas 5:18).

4. Manifestación: "El anhelo ardiente de la creación es el aguardar la manifestación de los hijos de Dios Romanos 8:19

La creación siente los efectos del pecado por la desobediencia del primer hombre. Todo está en desorden y demanda reconciliación. En Cristo todo será reconciliado (Efesios 2:16; Colosenses 1:20).

En este cambio, está la consumación de sus propósitos para nosotros, en el sentido de que seamos "transformados conforme a la imagen de su Hijo" (Romanos 8:29; 1 Juan 3:2).

CONCLUSION

Los hijos de Dios son totalmente distintos a los hijos del diablo, porque se parecen a los árboles del bosque que cuanto más ascienden, más cerca están entre sí, hasta que el follaje se toca.

BOSQUEJO No. 67

EL CRISTIANO
Su filialidad: Hijo de Dios III

"Si hijos, también herederos... "
Romanos 8:17

La Escritura dice que fuimos adoptados como hijos, con sus honores y privilegios. Pero la adopción tiene varios otros ingredientes que debemos estudiar:

1. El hijo tiene la naturaleza del Padre

"Todo aquel que es nacido de Dios, no practica el pecado, porque la simiente de Dios permanece en él —1 Juan 3:9.

Esta gloriosa característica produce la diferencia entre la adopción civil, humana y la de Dios. Ningún hijo adoptado en este mundo tendrá jamás la naturaleza de sus padres adoptivos. Pero en el caso del cristiano no es así, al entrar a la familia recibimos la naturaleza de Dios (2 Pedro 1:4; 1 Juan 5:18).

2. Los privilegios de ser hijos de Dios

"Y si hijos, también herederos de Dios y coherederos con Cristo" — Romanos 8:17.

Cristo es el Primogénito (Romanos 8:29), con la dignidad y supremacía que le son características. En Colosenses 1:15, se refiere a su eterna preexistencia, en Colosenses 1:18 y Apocalipsis 1:5, a su superioridad. Tanto Hebreos 1:6 como Romanos 8:17, hacen referencia al futuro y su gloria que ha de ser manifestada. Teniendo en cuenta esta perspectiva ¿qué es ser coherederos con Cristo? Es compartir con el Señor su propia herencia, es participar de su dignidad por toda la eternidad.

3. El hijo tiene libertad de acceso al Padre

"... tenemos entrada por un mismo Espíritu al Padre" Efesios 2:18.

La paz de Dios no solamente elimina el odio y hostilidad, sino que brinda acceso a la presencia del Padre (Romanos 5:2; Efesios 3:12) porque fuimos aceptadas en Cristo (Efesios 1:6). Tenemos por tanto, camino abierto para llegar a él debido a su obra en el calvario (Hechos 10:10).

4. El hijo es miembro de la familia de Dios

"Así que ya no sois extranjeros ni advenedizos, sino conciudadanos de los santos, y miembros de la familia de Dios" — Efesios 2:19.

Sentimos gozo de formar parte de esta familia con tantos hermanos (Mateo 23:8; 28:10; Lucas 22:32), y observamos que es uno de los sentidos más hermosos en que se emplea el principio de miembro (1 Corintios 12:27; Efesios 3:15).

Al aceptar a Cristo entramos a ser parte de su cuerpo (1 Corintios 6:15; 12:12-13) y miembros los unos de los otros (Romanos 12:4-5; Efesios 4:2). En consecuencia, tenemos un Padre y somos miembros de la familia de Dios.

5. El hijo recibe la disciplina del hogar

"Si soportáis la disciplina, Dios os trata como a hijos"
— Hechos 12:7.

Bien dice el texto, aunque muy difícil de comprender (Hechos 12:11), la causa del castigo, si bien posteriormente se torne en "fruto apacible de justicia" (comp. Job 5:17; Proverbios 3:11).

Pero, es el Padre quien aplica el correctivo (Hechos 12:9) y ello prueba que pertenecemos a la familia de Dios.

Creemos que a estas características se suman los resultados que podríamos enumerar así:

a. Produce semejanza a Dios – Efesios 5:1

b. Induce confianza filial – Mateo 6:25

c. Intensifica el deseo de glorificar a Dios – Mateo 5:16

d. Estimula el espíritu de oración – Mateo 7:7

CONCLUSION

Hace varios años estaba de visita en una iglesia, listo para escuchar a un predicador muy amigo mío. Luego de las introducciones de práctica, mi amigo fue anunciado. Al asomarse al público, más o menos desde el centro del nutrido templo salió una estentoria voz femenina infantil: "¡¡viva, viva mi papá!!". Todos rieron, y yo pude captar de inmediato que aquella inocente mostraba su identificación con el padre que se disponía a hablar. Sentía confianza y libertad para aclamar a su padre en medio del auditorio.

Buen modo de hacer conocer el privilegio de ser hija y quién era su padre.

BOSQUEJO No. 68

EL CRISTIANO
Su Posesión I

Reconocemos que ser cristiano no es fácil, porque demanda vivir la responsabilidad de ser hijo de Dios (Gálatas 3:26). Existe, además del compromiso filial, (Efesios 5:8), la necesidad de corresponder a la identificación con Cristo en la nueva vida. (Romanos 6:4).

Ello significa estar:

a. Perdonado – 1 Juan 2:12

b. Justificado – Hechos 13:39

c. Santificado – 1 Corintios 1:2

También significa disponer de gracias espirituales como:

1. Tener redención
Efesios 1:6-7

Es decir que los hijos de Dios han sido rescatados por el precio de la sangre de Cristo (1 Pedro 1:18-19) y liberados de la opresión que significa estar bajo el señorío de Satanás (Tito 2:14; Hechos 9:12) para vivir en novedad de vida (Romanos 6:14; 1 Corintios 1:30). Esta redención será completa cuando venga el Señor (Romanos 8:23; Efesios 1:14; 4:30).

2. Poseer vida eterna
Juan 3:36

La gloria de la redención radica en la posesión de la vida eterna. Dios que nos sacó de las garras del enemigo, nos ha dado su vida, que es vida eterna, **PROMETIDA** desde siglos

(Tito 1:2), **DISFRUTADA** en el presente (1 Juan 5:12) y **COMPARTIDA** en la gloria (Romanos 6:22).

La promesa así cumplida en Cristo (Juan 1:4) nos da el poder para vivir como Dios lo ha establecido (1 Juan 1:2-4) hasta el fin del cumplimiento de sus propósitos.

3. Disponer de un Gran Sacerdote
Hechos 4:14

Antes del versículo que tenemos delante, el escritor ha presentado dos insinuaciones importantes (2:17; 3:1), pero ahora comienza a ser medular hasta el 5:10. Con este versículo empieza a mostrarnos su relación con nosotros. Es el Gran abogado, quien es capaz de restaurar nuestra comunión con Dios, que nos sostiene y previene de que hagamos lo malo.

"El Hijo de Dios", (Jesús) se hizo cercano a nosotros y participante (Hechos 5:5-9) de nuestra experiencia para ayudarnos en nuestras tentaciones. Debemos buscar su presencia poderosa.

CONCLUSION

Me encanta oír como oran mis nietos. Tienen un plan de solicitudes que hacen llegar a Dios constantemente. El maestro, el compañero malo, la marca de algún juguete, etcétera, están entre los temas que Dios "no puede" olvidar porque a cada momento se lo recuerdan, pues "creen" que Dios les oye.

¿Elevamos a Dios nuestras oraciones con confianza, sencillez y fe, en la certeza de que El nos oye?

BOSQUEJO No. 69

EL CRISTIANO
Su Posesión II

Por haber creído en Cristo estamos justificados delante de Dios (Hechos 13:39), hemos sido "hechos cercanos" (Efesios 2:13), y disfrutamos del perdón de nuestros pecados (1 Juan 2:12).

Es dichosa nuestra posesión y debemos estar agradecidos (1 Timoteo 1:12). Teniendo estas cosas en cuenta podríamos profundizar sobre ello y notar que:

1. "Tenemos la palabra profética"
2 Pedro 1:19

Son las Escrituras inspiradas por Dios (2 Timoteo 2:16), totalmente confiables en todo lo que nos dicen porque son su revelación para nosotros (1 Pedro 1:11-12) y de suprema autoridad (Salmo 119:128).

La palabra de Dios es pura (Salmo 12:6) y nos enseña todo el propósito divino para la humanidad. Por eso dice que es permanente y que alumbra (Salmo 119:105) en lugar oscuro, como lo es este mundo entenebrecido por el pecado (leer Salmo 19:7-8; 119:9).

2. Tenemos las promesas de Dios
Santiago 1:12

El Nuevo Testamento contiene muchas promesas para los cristianos, por ejemplo, leemos que la piedad tiene promesas permanentes (1 Timoteo 4:8) y que Dios nos ha dado la vida eterna (2 Timoteo 1:1). Todas sus promesas son SI "en El" (2 Corintios 1:20) y se cumplen de un modo a veces inexplicable (2 Pedro 1:4).

Para completar el pensamiento conviene leer 2 Corintios 7:1 porque según el texto (2 Corintios 6:14-18) tenemos que cumplir con sus mandatos para llegar a disponer y disfrutar de lo prometido (comp. Romanos 1:2; Santiago 2:5; 1 Juan 2:25).

3. Tenemos la esperanza segura
Hechos 6:16-20

Nuestra esperanza es Cristo Jesús mismo y el testimonio que Dios nos da de El. Es nuestra posesión presente como ancla que mantiene nuestra alma en seguridad durante el tiempo de dificultad o inestabilidad (Salmos 42:5,11; 43:5; 62:5). Nada podrá movernos porque él entró en el cielo y su ministerio es real para nosotros (comp. Colosenses 1:14, 21, 22; 2:9-10) en socorro o ayuda para el momento de necesidad (Hechos 4:16; 10:21-22).

Su presencia en la gloria garantiza el cumplimiento de todo lo que Dios nos ha prometido.

CONCLUSION

Hablar de posesiones eternas en un mundo transitorio sería increíble si no fuera por las Escrituras que lo enseñan y garantizan. Nada tenemos permanente, solamente el patrimonio de Dios perdura eternamente.

BOSQUEJO No. 70

EL CRISTIANO
Su Significado

Para comenzar debemos decir que ser cristiano es tener directa relación con Dios por lo menos de la siguiente forma:

a. Ser hijo de Dios – Romanos 8:16

b. Ser heredero de Dios – Romanos 8:17

c. Ser imitadores de Dios – Efesios 5:1

d. Ser siervos de Dios – Efesios 6:6

Esto significa poseer una relación muy íntima con él para desarrollar todas las capacidades y dones que nos haya dado ¿Cómo?

1. Por confesar a Cristo delante de los hombres
Mateo 10:32

Aunque confesar parecería estar relacionado únicamente con la palabra, las Escrituras nos muestran que para hablar "de" Dios debemos vivir "en" Dios (comp. Deuteronomio 9:4; Romanos 10:9; Hechos 11:13; 1 Juan 1:9).

Confesar se constituye en la doble actividad de decir lo que experimentamos, porque hablar de un Cristo muerto no es confesar; Pablo decía: "Cristo vive 'en' mí" (Gálatas 2:20).

2. Por mostrar amor mutuo
Juan 13:34-35

Somos hijos de Dios, entonces somos hermanos (Mateo 28:10; Hechos 6:3; Filipenses 4:21) y en consecuencia, el amor del Padre debe fluir en nuestras relaciones con los otros miembros del hogar (Juan 15:12; 1 Corintios 6:7) y aun para con los extraños. Lamentablemente existen a veces diversas formas de relacionarse entre los hermanos y esto produce reacciones que debemos tener en cuenta para corregir como conviene. Por ejemplo:

   a. Al hermano ofendido – Mateo 5:23/24 – tenemos que hablarle.

   b. Al hermano errado – Mateo 18:15 – tenemos que reprenderle.

   c. Al hermano débil – Romanos 14:1 – tenemos que recibirle.

   d. Al hermano en falta – Gálatas 6:1 – tenemos que restaurarle.

Luego de leer cada caso podremos conocer mejor cómo podemos mostrar el amor del Señor que mora en nosotros.

3. Por vivir una vida victoriosa
Tito 2:12

Esta vida se compone de tres relaciones sobresalientes según el texto:

   a. "Sobria" – para con nosotros mismos (Romanos 12:3; 1 Timoteo 3:11; 1 Pedro 1:13)

   b. "Justa" – para con los que nos rodean (Filipenses 4:8; Colosenses 4:1; Tito 1:8)

   c. "Piadosa" – para con Dios (2 Corintios 1:12; 1 Timoteo 1:4; 2 Timoteo 3:12).

Es fácil hablar de la victoria y aún puede ser fácil mostrar su camino, pero es muy difícil ser triunfante, si en nosotros no está el poder de lo alto. Si Dios vive plenamente en nosotros, entonces disponemos de su fuerza (comp. 2 Corintios 2:14; 1 Juan 2:13; 4:4; 5:4-5).

CONCLUSION

No hace mucho, junto al templo reñían dos niños. Una pequeña al verme presente me dijo: "No se preocupe, no son de Dios". Para esa niña la vida cristiana debía manifestarse de otro modo. Por otro lado, ella creía que si esos niños no habían aceptado a Cristo no tenían responsabilidad de conducta cristiana.

Decimos ser cristianos, pero, ¿cómo son nuestras relaciones con los hermanos? ¿realmente nuestra conducta da testimonio de que Cristo está en nuestro corazón?

BOSQUEJO No. 71

EL CRISTIANO
Sus Características

Son cristianos los que han aceptado a Cristo como Salvador personal (Hechos 11:26). Algunas características ya tenían fuerte arraigo en el Antiguo Testamento, cuando aún no se podía hablar de cristianos:

1. Confianza en la fortaleza de Dios – Salmo 84:5
2. Dependencia en el refugio divino – Salmo 18:1;19:14
3. Autenticidad en la búsqueda del poder – Isaías 40:29-31
4. Testimonio en presencia de Dios – Salmo 71:16

Para nosotros, cuando la presencia de Cristo es real y efectivo su señorío, el poder del Espíritu se acrecienta constantemente (Efesios 3:16-20) hasta sentir la plenitud de Dios. ¿Cómo se verifica esa experiencia?

1. Andando en sabiduría – Colosenses 4:5
2. Andando en luz – 1 Juan 1:7
3. Andando en amor – Efesios 5:2
4. Andando en dignidad – Efesios 4:1-2

¿A qué se deben estos modos particulares de sujeción? a que la vida cristiana se verifica por la experiencia, por el modo de ser y de vivir. No que estemos ajenos a la influencia del mal o a las asechanzas del diablo (Efesios 6:11), sino que tenemos a disposición la palabra donde podemos conocer sus propósitos (Colosenses 3:16).

Con estos preparativos debemos estar listos para:

1. Responder a cualquier persona – 1 Pedro 3:15

2. Practicar toda buena obra – Tito 3:1

3. Predicar el evangelio – Romanos 1:16

4. Encontrar al Señor – Lucas 12:36; 1 Tesalonicenses
   4:13-17.

No que debemos esperar momentos especiales, sino que toda la vida debe ser un púlpito constante de exposición cristiana.

CONCLUSION

Las Escrituras presentan al cristiano como una persona distinta a los del mundo, porque tiene respuestas para presentar al Señor como salvador y representarle en el mundo.

Leí del fabricante de un fertilizante que ideó como propaganda escribir el nombre del producto en un campo. Todas las semillas que cayeron sobre esas letras invisibles germinaron más rápidamente, de modo que al cabo de algún tiempo era muy fácil leer desde lejos lo que había sido escrito en secreto.

Eso es lo que el Espíritu Santo hace con los creyentes del mundo.

BOSQUEJO No. 72

EL CRISTIANO
Sus Marcas

Resultaría de gran interés verificar las relaciones que mantenemos con Cristo, sobre todo al denominarnos cristianos.

1. Somete su voluntad "a" Cristo
1 Juan 5:14

El versículo de 1 Juan que tenemos delante, explica las razones de la confianza que nos asiste. De paso, diremos que el tema de la confianza ha cautivado al escritor en varios pasajes (2:28; 3:21) siempre relacionado con la asistencia de Dios (comp. Efesios 3:12).

Cristo es el objeto de nuestra confianza (Mateo 7:7, 11; Juan 14:13; 15:7) y también quien condiciona el método de la oración. Podemos pedir con confianza si hemos reunido las condiciones (Santiago 1:5-6; 4:3; 5:16).

2. Compara su andar "con" Cristo
1 Juan 3:5-6

El objetivo de la muerte de Cristo fue quitar nuestros pecados, todo aquello que interrumpiera nuestra comunión con Dios, (Juan 1:29; Romanos 3:24; 1 Juan 1:7), porque El era santo. Los que aceptamos su obra debemos manifestarlo en la vida viviendo conforme a sus deseos (1 Timoteo 1:15; Tito 2:14; 1 Juan 2:6).

3. Permanece firme "en" Cristo
Colosenses 1:23

Permanecer significa "sin modificación, quedarse permanentemente".

En Juan 1:32 leemos que el Espíritu permaneció sobre Cristo, y en 3:26 que "la ira de Dios está sobre él" (el inconverso).

Posteriormente leemos de la consideración de nuestras obras en el tribunal de Cristo, unas que permanecen y otras que serán quemadas (1 Corintios 3:14). Con este antecedente, permanecer en Cristo es perseverar en comunión con él (1 Juan 2:28) para disponer de su poder y compartirlo con otros (comp. 1 Juan 2:6; 2:10).

CONCLUSION

Estas no son todas las marcas de un cristiano, pero son las principales. Si uno llamado cristiano no sigue a Cristo ¿a quién sigue? y si sigue a otro ¿cómo puede ser un cristiano?

Las preguntas son oportunas y reflexivas. No somos cristianos por nombre, lo somos por la naturaleza impartida por el Espíritu Santo.

BOSQUEJO No. 73

EL CRISTIANO
Sus Bendiciones

En Efesios 1:3 dice que "Dios nos bendijo con toda bendición espiritual", que es una introducción similar a la de 2 Corintios 1:3-4 y 1 Pedro 1:3, aunque hay variantes de acuerdo a los temas de cada epístola.

Según este texto aunque como creyente continuamos en la tierra, espiritualmente vivimos ya en la habitación donde Cristo está. Los "lugares celestiales" se menciona cuatro veces más en la carta; es estudiando estas referencias que descubrimos la esfera a la cual Cristo fue exaltado y su relación con los creyentes (Efesios 1:20; 2:6).

También notamos la diferencia entre los principados sujetos a Dios (Efesios 3:10) y los otros que obedecen al enemigo (6:12). ¿Cómo sentimos nosotros en la experiencia diaria la bendición celestial? Podríamos notar tres modos primarios.

1. Perdón de los pecados por la fe
Gálatas 3:8

Pablo asegura que fue el propósito de Dios bendecir a los gentiles con el sacrificio de Cristo y que por la fe también recibiesen la "promesa del Espíritu" (v. 14).

La bendición de la promesa incluye toda la provisión espiritual desde el nuevo nacimiento hasta la plenitud de Dios (ver Romanos 8:1-4). ¡Cuán agradecidos estamos a Dios por la limpieza de nuestros pecados! (Romanos 4:7-8).

2. Libertad de la esclavitud
Romanos 6:22

La bendición de que hablábamos en el párrafo anterior, también abarca la libertad (Gálatas 4:26,31). Aunque en el Antiguo Testamento, el tema de la libertad es más conmovedor y humano (Exodo 21:2,5; 21:26-27), es en el Nuevo Testamento, donde alcanza al alma y la vida espiritual (Juan 8:32,36; Romanos 8:2; Gálatas 5,1).

Cuatro veces leemos en Romanos de quedar libres (6:18,22; 8:2,21), y en todos los casos el paso definitivo hacia un nuevo estado en Cristo Jesús. Esto es lo que se denomina "siervo de la justicia" (6:18) por el cambio de Señor (6:22). Ahora servimos en libertad, gozosos de que tenemos por fruto la santificación (1 Tesalonicenses 4:3,7; 1 Timoteo 2:15; Hechos 12:14) y por fin la vida eterna.

3. Sostén para la tentación
Santiago 1:12,25

Muchos pueden ser los motivos de la tentación: el dinero, el pecado, el alimento, la ambición, etcétera, pero El, que nos ha provisto para la vida cristiana también nos ha dado poder para vencer (comp. Job 5:17; Proverbios 3:11-12; Hechos 12:5). La bendición no está para el que no tiene tentación, sino para el que la sufre y vence. En esto se asemeja al Señor Jesús (Hechos 10:32; 12:3, 7; Santiago 5:11) quien sufrió ataques contra sí mismo y venció (comp. 1 Corintios 13:7).

CONCLUSION

Las bendiciones no siempre vienen con gozo, muchas veces es al contrario, pero se produce el gozo luego de la victoria. El placer de haber conocido a Cristo por la fe, de haber disfrutado de la libertad, debe estimularnos para seguir con victoria hasta el fin.

BOSQUEJO No. 74

EL CRISTIANO
Su Crecimiento I

Uno de los problemas más visibles en nuestras vidas es el del crecimiento. Algunos se convierten al Señor y quedan estancados, otros comienzan a sentir las primeras experiencias y luego se estancan. Otros, finalmente, avanzan equilibrando su experiencia con la palabra de Dios. ¿Dónde está el secreto? Veamos:

1. Constante oración y acción de gracias
Colosenses 4:2

La vida cristiana no comienza con actividad sino con devoción. La oración es parte de esa dependencia; "velando en ella" significa continua consulta con Dios (1 Tesalonicenses 5:17), mientras agradecemos sus respuestas.

Un estudio cuidadoso nos muestra que luego debemos orar por otros (Colosenses 4:3) y su servicio (Efesios 6:18). El impulso carnal es peligroso (Filipenses 4:6) en cambio la consulta es beneficiosa y necesaria para sentir la paz de Dios (Romanos 15:33; 16:20; 2 Corintios 13:11; Filipenses 4:7,9; 1 Tesalonicenses 5:23). Todo debe ser regado con alabanza y loor al Señor (Filipenses 1:11; 4:8).

2. Constante lectura y meditación
de la palabra de Dios
Juan 5:39

Lamentablemente, debido a su costo práctico, no leemos las Escrituras como debiéramos, no meditamos como Dios lo manda (Josué 1:8; Salmo 1:2). Esa ignorancia de los mandamientos divinos es muy seria y origina problemas en nosotros y de nosotros con el Señor. La lectura constante y sistemática nos instruye en los senderos cristianos y nos abre el camino hacia la comunicación concreta del evangelio. Los predicadores hablaban de las Escrituras y con ellas (Hechos 8:35; 17:2,11; 18:28; 1 Corintios 15:3), y muchos oyentes se salvaban.

3. Constante confesión de Jesús como Señor
Romanos 10:9-10

El énfasis puesto sobre que Jesús es el Señor, es de transcendental importancia porque la confesión se convierte en un reconocimiento. Además, es un testimonio a otros acerca de la autoridad del Señor Jesús en virtud de su vida, muerte, sepultura, resurrección y ascensión (Hechos 2:31-33; 5:42; 8:35; 10:36-38). También incluye su actual actividad como interceder junto al trono de Dios (Salmo 110:1-4; Hechos 7:25).

Confesión significa, además, manifestar con hechos lo que dicen nuestras palabras (Romanos 14:11; Filipenses 2:11; 1 Juan 4:2,3,15) y eso debe ser la experiencia constante del cristiano.

4. Constante comunión con los hermanos
Hechos 2:42

La iglesia de Jerusalén crecía sobre esta base porque los salvados estaban juntos cumpliendo los propósitos de las enseñanzas impartidas. Mantenían ferviente espíritu de camaradería (Hechos 2:45) y vendían las propiedades para poner el producto a los pies de los apóstoles (Hechos 4:34).

Todo el contenido de la comunión integral servía para afianzar el progreso de los creyentes (Hechos 10:24-25; comp. Romanos 12:13; 1 Corintios 1:9; 2 Corintios 8:4; Filipenses 1:5; 2:1; 4:15-19).

5. Constante mantenimiento de la santidad
1 Tesalonicenses 3:13

Los actos contrarios a la voluntad del Señor obstruyen la comunión y dañan el testimonio (Romanos 14:22). La mención de la buena conciencia aplicada a la vida cristiana (1 Pedro 3:16) es importante porque demuestra que cuando vivimos fuera de los propósitos del Señor dañamos los versículos espirituales (Efesios 5:3; 1 Pedro 2:19,20) y manchamos el templo del Espíritu Santo (1 Corintios 3:16; Efesios 2:21). En santidad, Dios puede obrar con su poder transformador (Romanos 6:12-13; 12:1-2; 1 Tesalonicenses 4:1-3).

CONCLUSION

Desde mi oficina veo lo que ocurre con la parra o vid de mi vecino. Con gran sacrificio echó ramas y comenzó a trepar y llegar al borde de la pared divisoria.
Un pámpano más atrevido siguió lentamente hacia mi patio. En el piso hay un tanque que parece haber "visto" porque desde su altura comenzó a inclinarse hasta dar con él. Una vez sumergido obtuvo fuerzas, y desde ese tanque parece haber brotado una nueva vid.

La "constancia" de esta rama es admirable y sobre todo su "humildad" en descender de sus alturas para buscar agua donde las hay. Ahora otras la imitaron y se produjo un visible "avivamiento" en el crecimiento.

BOSQUEJO No. 75

EL CRISTIANO
Su Crecimiento II

En 2 Pedro 3:18, leemos de crecer en "la gracia y en el conocimiento de nuestro Señor y Salvador Jesucristo", y nos preguntamos ¿qué es crecer? o ¿cómo se crece? Sin ser dogmáticos podríamos decir que hay varios modos:

1. Crecemos cuando vivimos en oración
Colosenses 4:2

Porque nuestra cercanía al Señor nos permite conocer su voluntad y ser prosperados en ella (Efesios 6:18; Filipenses 4:6-8). La dependencia es imprescindible para la vida espiritual que nos conforma a la voluntad divina (Romanos 12:1-2; 2 Tesalonicenses 1:11).

2. Crecemos cuando permanecemos en la Palabra
1 Pedro 2:2-3

Es uno de los modos como Dios da crecimiento luego del nuevo nacimiento (1 Pedro 1:23-25). Hay posibilidades de recibir la Palabra y luego no cumplir con sus demandas (1 Pedro 2:8) y vivir en el fracaso (Santiago 1:22-23). Pero, si leemos constantemente y cumplimos con lo que nos ordena, Dios nos hará crecer (Hechos 6:7; Colosenses 2:19).

3. Crecemos cuando añadimos a nuestra fe
2 Tesalonicenses 1:3

El ejercicio de la fe es vital (2 Pedro 1:5, 10,11) para que sintamos la comunión con Dios que nos hace crecer (2 Corintios 10:15) y mantener un equilibrio en nuestra vida espiritual (Romanos 12:6-8; Efesios 3:12-16).

4. Crecemos cuando trabajamos para el Señor
1 Tesalonicenses 4:10

La función cristiana mutua es muy provechosa para el crecimiento (1 Tesalonicenses 3:12), tanto que gran parte de las recomendaciones para la iglesia están relacionadas con ese contexto (1 Corintios 15:58). Abundar "en toda buena obra" (2 Corintios 9:8) es útil y necesario, es además el modo de vivir los anhelos de Cristo (Efesios 2:10). No podemos perder el tiempo ¡debemos trabajar en toda buena obra! (1 Tesalonicenses 1:3).

5. Crecemos cuando nos apartamos del mal
2 Corintios 7:1

La modalidad bíblica es dejar el mundo y sus cosas para seguir fielmente detrás del Señor. El texto de 2 Corintios 7 es el resultado de lo que leemos en el capítulo anterior, en el sentido de agudizar la santidad (1 Tesalonicenses 3:13) para perfeccionar o completar la consagración al Señor (Efesios 4:24; Tito 2:1-8).

CONCLUSION

A menudo estamos preocupados por otros asuntos y no exactamente por nuestra edificación o crecimiento. Ahora tenemos la oportunidad de poner el tema en primer lugar y esperar que el ejemplo de Cristo nos aliente a seguir sus caminos (Mateo 5:48; 1 Pedro 2:21; 2 Pedro 3:18).

La preocupación por crecer debe ser nuestro objetivo principal en cada momento de la vida.

BOSQUEJO No. 76

EL CRISTIANO
Su Conducta I

Para ser cristianos tenemos que ser hijos de Dios (Gálatas 3:26). Los primeros discípulos que fueron llamados cristianos (Hechos 11:26) observaron ciertas características tales como conversión, fe y perseverancia (Hechos 11:21-23). Notamos también que los cristianos sufrían por causa del testimonio de su fe (1 Pedro 4:6). Estos principios nos ayudarán a verificar que la conducta debe ser:

1. Digna
Colosenses 1:11

Andar como es digno del Señor (1 Tesalonicenses 2:12) significa, hacer las cosas imitando la conducta de Cristo, tanto en santidad (Juan 8:46) como en dependencia (Juan 5:30) y humildad (Mateo 10:38). No que nosotros digamos quién es o quién no es digno, porque esa es la tarea de Dios (2 Tesalonicenses 1:5,11) sino que andamos como él lo señala.

2. Espiritual
Gálatas 5:25

Vivir en el Espíritu, significa haber sido vivificados "por" el Espíritu de Dios (Juan 6:63), significa además que la vida de Dios ha entrado en nosotros (2 Pedro 1:3-4).

¿Puede una persona nacida del Espíritu vivir carnalmente? La respuesta es: NO. Pero la Escritura nos enseña que lamentablemente existen creyentes gobernados por la carne (1 Corintios 3:3) que provocan situaciones desagradables dado la carencia del gobierno de Dios en sus vidas (1 Corintios 2:13-15).

3. Honesta
1 Tesalonicenses 4:11-12

Un andar sereno, apacible, en el trabajo cotidiano, es resultado de una conducta honrada y en paz con Dios. La honestidad (Romanos 13:13) engendra con digna temperancia que motiva ese tipo de vida (Hechos 13:18). Debemos estimularnos mutuamente a la honradez dentro y fuera de la iglesia, por la oración y dependencia (2 Corintios 8:21; Filipenses 4:8; 1 Pedro 2:12).

Gracias a Dios por todas las maravillas que puede mostrar con su poder por medio de este tipo de vida.

CONCLUSION

Es una demanda de Dios que la conducta sea visible por todos. Bien conocido es el episodio del pastor que al despedir los restos de uno de los miembros de la iglesia no pudo decir más que: "Este cuerpo ha sido miembro de nuestra iglesia por veinticinco años".

BOSQUEJO No. 77

EL CRISTIANO
Su Conducta II

El lugar que tenemos en Cristo compromete nuestro testimonio en santidad (1 Corintios 1:2) y comunión con Dios. Es incomprensible que nosotros hallamos encontrado un lugar tan particular, y que la misma Biblia nos diga que estamos "completos en él" (Colosenses 2:10) por habernos unido al cuerpo del cual Cristo es la cabeza. ¿Cómo debería ser, entonces nuestra conducta? Sugerimos tres características:

1. Debemos ser imitadores de Dios
Efesios 5:1

¿En qué o cómo podemos imitar a Dios? Al leer en Efesios 4:32 el modo en que nos perdonó, es evidente que imitarle significa perdonarnos unos a otros como El lo hizo. El Señor había dicho en el sermón de la montaña: "Sed, pues, vosotros perfectos, como vuestro Padre que está en los cielos es perfecto" (Mateo 5:48).

También, él puso el ejemplo de los deudores (Mateo 18:24-31) para comprender mejor la ley del perdón. Imitar a Dios, en este sentido, es saber perdonar (Mateo 6:14).

2. Debemos ser hacedores de la Palabra
Santiago 1:22

Ser "hacedores de la palabra" significa poner en práctica lo que nos enseña (Mateo 7:21). A menudo estamos tentados a leer u oír sus enseñanzas y aplicárselas a otros, pero ahora hemos descubierto que Dios quiere que practiquemos lo que aprendemos (Lucas 6:46; 11:28).

El apóstol Juan dice que nos engañamos si no practicamos la verdad (1 Juan 1:6; 3:7). El mismo Santiago menciona a la "palabra implantada" (1:21) que debe llevar fruto. Si no lo hace, es porque la fe está inactiva y en consecuencia estéril para Dios (Santiago 2:14).

Las doctrinas de Dios son como un espejo que refleja nuestro estado natural y las imperfecciones que debemos corregir. Si al terminar la predicación o la lectura seguimos como antes, somos simplemente oidores (Santiago 1:23-25) y nos engañamos a nosotros mismos.

3. Debemos ser sobrios y velar en oración
1 Pedro 4:7

Sobriedad significa equilibrio, temperancia, discreción, prudencia, cordura en la manera de pensar y de ser. Textos como los que colocamos a continuación reflejan que esta sobriedad se relaciona con nuestro pensamiento (Romanos 12:3) nuestra enseñanza (Tito 2:4-5), nuestra forma de ser (1 Timoteo 2:9-10) y nuestra responsabilidad (1 Timoteo 3:2). Otros casos son 2 Corintios 5:12 y Tito 1:8.

Esta es la mente dependiente del Espíritu Santo, en la cual la oración ocupa un lugar preferencial y constante. Depender del Señor es orar sin cesar y a su vez poseer deseos de comunión con él. Es con esta actitud que debemos enfrentar los últimos días que vivimos y aguardar la ayuda del Señor (Romanos 1:9; 12:12; 15:30; Efesios 1:16; 6:18).

4. Debemos ser fuertes en el Señor
Efesios 6:10

Es la consecuencia de lo que estudiamos en el párrafo anterior. Ser fuertes en el Señor, significa gozar de la plenitud de su Espíritu y de su poder (1 Juan 2:14). Significa disponer de su energía en nuestra vida cristiana (2 Timoteo 2:1) y poner en acción toda la provisión que El nos brindó (Efesios 3:16). Necesitamos ser fuertes en el Señor y no en nosotros mismos (1 Pedro 5:10).

5. Debemos ser fieles hasta la muerte
Apocalipsis 2:10

Solamente el Señor puede saber y medir la fidelidad que profesamos a su nombre (Mateo 24:45; 25:21,23). Nosotros podemos hablar del tema, pero El, es el que lo juzga. Leemos de la fe que el Señor encontró en algunas personas (Mateo 8:10; 9:2; 9:29) y también del modo en que habló de la infidelidad (Lucas 10:11-12). Pero, ser fieles "hasta la muerte" puede significar: "durante toda la vida" o "hasta que nos maten", hasta tener que morir por causa de la fe.

Nosotros podemos considerar fieles a quienes a nuestro juicio andan o hacen ciertas cosas, pero Dios realmente sabe quiénes lo son en verdad (leer Colosenses 1:2; 1 Timoteo 1:12; Hechos 11).

CONCLUSION

Al hablar de los deberes de los cristianos fuertes en el testimonio, recuerdo lo que leí acerca del pastor que se detuvo a contemplar un picapedrero que por horas, de rodillas molía piedras junto a una montaña.

"Admiro el modo en que con tanta facilidad hace polvo esas rocas" —le dijo —"ojalá yo pudiera hacer lo mismo con los corazones de mis oyentes".

"Posiblemente —replicó el operario— usted no trabaja sobre sus rodillas como yo".

BOSQUEJO No. 78

EL CRISTIANO
Su Conducta III

Fuimos salvados para creer en las promesas del Señor (1 Juan 5:13) y glorificar su nombre cumpliendo su voluntad. Para que nuestro carácter de discípulos (Juan 13:35; 15:8) se refleje sobre los demás, es menester "resplandecer" como rayos de luz, llenos de Cristo (Filipenses 2:15).

Ser cristiano no es un título sino una forma de vida (Hechos 11:26), un carácter moldeado por el Espíritu Santo para la gloria de su nombre.

El cristiano es:

1. Un santo por su carácter
Romanos 1:7

Dios nos llamó del mundo de confusión y de pecado para ser santos (1 Corintios 1:2; Judas 1). No podemos tener comunión (1 Corintios 1:9) con El, si no vivimos en santidad. Por ello el llamado es vehemente "Sed santos, porque yo soy santo" (1 Pedro 1:16) y nuestra respuesta debe ser urgente y reverente. Sin santidad no tendremos parte con él (2 Corintios 6:14-18); ni verdadero fruto (Romanos 6:22) de justicia que honre su nombre.

2. Un soldado por su lucha
2 Timoteo 2:3

Las Escrituras no nos proponen luchas terrenales, sino la batalla de la fe (1 Timoteo 6:12) precisamente por hallarnos en el mundo dominado por Satanás (Efesios 6:12). La lucha se extiende a todos los frentes (Filipenses 1:29-30; Colosenses 2:1) porque por todos ellos el enemigo procura vencernos

(2 Timoteo 4:7; Colosenses 1:29). Esta circunstancia hace que la oración debe ser constante (Colosenses 4:12) y con ella la vida cristiana toda (Romanos 15:20; 2 Timoteo 2:5).

3. Un peregrino, porque su ciudadanía
no es de este mundo
Hechos 11:13

Los creyentes somos "extranjeros y peregrinos". Extranjeros, en el sentido de que no pertenecemos a este mundo (Juan 17:16) y peregrinos porque andamos hacia nuestra verdadera patria que es el cielo. Sabemos que somos ciudadanos de esta patria celestial (Filipenses 3:20-21) no por méritos propios, sino por gracia de Dios. La sangre de Cristo lo hizo posible (Efesios 2:19-20). Al andar por el mundo predicamos que no somos de él (1 Pedro 4:4-5) y que nos dirigimos al cielo (1 Pedro 2:11).

4. Un amigo por su comunión
Juan 15:15

Es muy difícil hablar de amigos si no tenemos real afinidad con la persona a la que nos referimos. Abraham fue llamado el "amigo de Dios" (Santiago 2:23) porque vivía cercano a El, creyó su dicho (Génesis 15:6; Romanos 4:3) confió totalmente en Su palabra (2 Crónicas 20:7; Isaías 41:8).

Los verdaderos amigos tienen mucho en común y comparten los momentos más importantes de su vida, tanto momentos de angustia (Proverbios 17:17), o de soledad (Rut 1:16), momentos de peligros (1 Samuel 20:11-13) o de gozo (Cantares 5:1).

En Juan 15:13-15, se describe al amigo como el que pone su vida (1 Juan 3:16), porque se siente unido íntimamente a la otra persona. Nuestra relación con Cristo no es por el servicio, sino por el amor. El, nos dio a conocer el amor de Dios (Romanos 5:8) por el cual también murió (Juan 14:27-28; 1 Juan 4:9-10).

5. Un heredero por su esperanza
Romanos 8:17

El mismo Espíritu nos da testimonio de que somos hijos de Dios (comp. Romanos 5:5; 9:1). Los hijos tienen derechos únicos a causa de la dignidad de la familia (Juan 1:12; 11:52; 1 Juan 3:1-2; 5:2), entre los que incluimos el de herencia (Tito 3:7; Santiago 2:5) por tener un mismo Padre (comp. Salmo 25:12-13; Gálatas 3:29; 4:7). Como "herederos de Dios", nosotros, en virtud de la muerte y resurrección de Cristo, somos coherederos con él.

Existe una diferencia notable entre la herencia terrenal y la celestial, la primera generalmente la obtenemos luego de la muerte de los dueños, en cambio la celestial, la compartimos con uno que nunca muere.

Bajo las normas hebreas, el hijo mayor recibía la participación principal y no estaban incluidas las hijas, salvo que no hubiera hijos. Por la ley romana los hijos, hijas y adoptados participaban con igualdad. Nosotros participaremos con igualdad de la herencia del Primogénito que es Cristo Jesús (Efesios 3:6; Hechos 11:9; 1 Pedro 3:7) y que está en los cielos (1 Pedro 1:4). Al valorizar lo que Dios nos ha provisto debemos también responder con responsabilidad y vivir dando testimonio de todas estas cosas.

En cierta ocasión, estando de viaje, entré en una catedral donde había tumbas y epitafios muy llamativos. Uno de ellos decía: "Dio su fuerza a los débiles, su dinero a los pobres, su simpatía a los que sufren, y su corazón a Dios".

BOSQUEJO No. 79

EL CRISTIANO
Su Estado

¿En qué estado se encuentra espiritualmente un cristiano? ¿qué siente?. Las respuestas podrían estar en el estudio de una serie de Escrituras.

1. El cristiano está libre de condenación
Romanos 8:1-2

Esto es el resultado de la obra de Cristo aplicada por el Espíritu Santo. Leemos que luego de redargüir (Juan 16:8) también regenera (Tito 3:5) y sella (Efesios 1:13).

Bajo estas garantías el triste drama de la condenación (Romanos 5:16,18) a consecuencia del pecado está eliminado (Juan 5:24; 2 Corintios 5:17). La "ley del Espíritu" implantada es una nueva forma de vida que trabaja en la experiencia de la fe. Es un gozo supremo saber que hemos sido librados de la condenación y hechos siervos de la justicia (Romanos 6:18; 6:22;8:21).

2. El cristiano lleva fruto de justicia
Gálatas 5:22

El fruto del Espíritu está representado por nueve expresiones, la primera de las cuales es el amor y la última la templanza. Ser templado o sobrio es vivir la presencia de Dios, es experimentar el equilibrio de la justicia de Dios (Efesios 5:9), que produce frutos propios de ella (Romanos 7:4).

La misma justicia que condenó al pecado, nos da la madurez para pensar de nosotros mismos como conviene (Romanos 12:3), y para actuar rectamente con los demás (1 Timoteo

2:10; Tito 2:12). El fruto de justicia no es solamente un enunciado saludable y rico en sustantivos, es la experiencia de vivir firmemente la vida en Dios (Juan 15:2-16).

3. El cristiano vive una vida de victoria
1 Juan 5:4-5

Por Romanos 12:21 "no seas vencido de lo malo, sino vence con el bien el mal", aprendemos que tendremos siempre un combate contra el mal.

El mismo diablo encabeza las fuerzas atacantes (1 Juan 2:13-14) y gestiona las actividades más insólitas para procurar nuestra derrota.

Somos triunfadores, cuando descansando en la voluntad de Dios y usando las armas del Espíritu, atacamos y destruimos con valentía las fortalezas de maldad (2 Corintios 10:4) sabiendo que Jesucristo ya lleva la victoria (Juan 16:33).

CONCLUSION

Si estas características nos acompañan y si echamos mano al poder del Señor, veremos victoria primeramente en nosotros mismos, en nuestro carácter y en nuestras decisiones. Debemos tener presente estas tres frases:

a. Dios nos da la victoria por medio de Jesucristo – 1 Corintios 15:57.

b. Somos más que vencedores por medio de aquel que nos amó – Romanos 8:37.

c. El que venciere heredará todas las cosas – Apocalipsis 21:7.

BOSQUEJO No. 80

EL CRISTIANO
Su Testimonio

Generalmente, cuando hablamos de testimonio pensamos en dos cosas. La primera es "dar buen testimonio", es decir llevar una conducta que nadie pueda tachar, y la segunda, es abrir un lugar para cultos que es lo que denominamos "abrir un testimonio". En ambos casos pensamos en algo pasivo y no activo. No existe ninguna agresividad cuando hablamos así, no hay penetración del mensaje, sino simplemente cuidado de que "nos vean".

Pero el concepto bíblico es diferente, porque llenos del Espíritu los cristianos deben combatir las tinieblas con las armas de luz. Para Cristo ser testigo era estar dispuesto a morir por el evangelio (Apocalipsis 12:11) lo mismo se esperaba de sus seguidores (Hechos 8:25; 10:42; 20:21,24). Podríamos decir que los testigos:

1. Tienen el privilegio de brillar
Mateo 5:14-15

El texto enseña que la luz no se puede ocultar, ni colocar donde no corresponde. La luz debe iluminar a lo ancho y a lo largo de nuestro paso y debe salir desde adentro porque es el resultado de lo que somos y no lo que hacemos. No brilla para "ser vistos", sino "para que vean" (Juan 5:35; 12:36; 2 Corintios 6:14; Filipenses 2:15).

2. Sienten la responsabilidad de luchar
2 Timoteo 2:3

La lucha cristiana es dura y a veces aflictiva (2 Timoteo 1:8; 2:10). Los que desean vivir píamente sufrirán persecución

(1 Tesalonicenses 2:15; 2 Timoteo 3:11-12) no solamente de los de afuera sino también de los de adentro mismo. Las luchas del evangelio serán tenaces (2 Timoteo 4:5) si queremos ser exponentes del amor (1 Corintios 13:7; 2 Corintios 1:6) y útiles para consolar a otros. Los testigos ingresan en las filas del enemigo para luchar por la fe y rescatar las almas para Cristo (2 Corintios 10:3-5).

3. Viven el gozo de peregrinar
1 Pedro 2:11

Los israelitas peregrinaron en tierra extraña (Deuteronomio 26:5-9) y también en camino a la tierra prometida. No tuvieron a menos declarar que eran extranjeros y peregrinos (Deuteronomio 10:18-19) hasta llegar al hogar, y sufrieron grandes inconvenientes.

Nosotros somos extranjeros en el mundo, y como los grandes hombres, lo confesamos (Hechos 11:13), pero la confesión debe ir acompañada de santidad (Romanos 8:13; 13:13-14; 2 Corintios 7:1; Gálatas 5:16,21; 2 Timoteo 2:22; 1 Pedro 4:2) para que el poder de Dios se manifieste.

CONCLUSION

Luego de leer y estudiar estas demandas, recuerdo de lo que leí acerca del predicador que oraba de este modo: "Señor, no solamente tenme en cuenta entre los tuyos, cuéntame también entre los que van a la victoria".

BOSQUEJO No. 81

EL CRISTIANO
Su Servicio

Servimos al Dueño de todo (Salmo 50:11-12; Salmo 104; Hechos 4:24), lo hacemos por lo que es y luego por lo que hace (Efesios 1:7) esencialmente por la sangre de Cristo. Notamos entonces que:

1. El servicio es al Señor
Romanos 14:9; 1 Timoteo 6:14-15

El mismo enseñó a los suyos que era el Maestro y los discípulos todos hermanos (Mateo 23:8). Posiblemente no comprendieron bien lo que les enseñaba, pero luego que resucitó, testificaron que El era el que Dios había puesto por Señor y Cristo (Hechos 2:34, 36,39).

El mejor exponente de la victoria era su propia resurrección y ascensión (Hechos 2:24; 13:33).

En cada acto de nuestra vida debemos demostrar que Cristo es nuestro Señor (Hechos 27:23; Romanos 14:18; 16:18; Colosenses 3:24; 1 Tesalonicenses 1:9) y que siempre nuestro servicio es a El.

2. El motivo del servicio es agradar a Dios
Hechos 10:35; Romanos 14:18

Cuando cese el trabajo tendremos que comparecer delante del Señor para que nuestras obras sean analizadas (1 Corintios 3:13). En vista de ello, se nos sugieren tres actitudes principales:

a. Velar
1 Tesalonicenses 5:6

Es la mejor manera de trabajar para evitar el ser sorprendidos por el sueño e incluidos entre los que duermen (1 Corintios 16:13; Colosenses 4:2; 1 Pedro 4:7).

b. Esperar
1 Tesalonicenses 1:9-10

Trabajar sin meta es trabajar sin fe. Tenemos la fe en Cristo, que sea también El la meta. Servir esperándole es servir con objetivo (Romanos 8:23; 1 Corintios 1:7).

c. Obrar
Filipenses 2:12-13

La mejor ocupación que podemos tener es la que se relaciona con la salvación, primero para vivir en santidad y luego para hacer todo de acuerdo a los anhelos del Señor (Filipenses 2:15). Al fin sabremos que nuestra actividad en el Señor no ha sido en vano (1 Corintios 15:58).

CONCLUSION

Aunque el servicio es al Señor, el beneficio debe ser para todos. Así el servicio aparece como un sacrificio a Dios en el cual todos participamos (Filipenses 2:17-18) y para el que siempre estamos dispuestos (2 Timoteo 4:6). Si comparamos lo que hacemos con los hombres ya no servimos al Señor.

Viene a mi memoria lo que hace poco leí acerca de un predicador. "¿Qué tal es el pastor?" preguntó un creyente a otro, "mire, los domingos es incomprensible y durante la semana invisible", fue la respuesta.

Los creyentes no sentían su presencia en el servicio cristiano y les resultaba frustrante.

BOSQUEJO No. 82

EL CRISTIANO
Sus Recompensas

Tenemos galardones que disfrutamos ahora porque somos cristianos. Estudiaremos algunos porque nos hace bien conocer el valor de la presencia de Dios.

1. Para el servicio humilde
Marcos 9:41

Al condenar al sectarismo (vv. 38-39), Cristo demostró detalles que dañaban la unidad. En este caso la preocupación era por "alguien que no nos sigue" (v. 38). Cristo les demostró el valor de hacer algo en el nombre del Señor (vv. 37, 41; Santiago 2:7-9), porque no se daban cuenta que esas discusiones servían para tropiezos (Marcos 9:42).

Por lo que vemos parece que es más fácil hacer tropezar que realizar un servicio humilde (Mateo 10:42; 25:40). Debemos poner gran cuidado en ser humildes servidores más que fogosos defensores de lo que nos parece ser la verdad.

2. Para el que ama al Señor
Juan 14:23

El amor tiene la virtud de disipar el odio, y preparar el corazón para hacerlo una morada de Dios. El Señor dice: "El que me ama, mi palabra guardará" óyeme obedece plenamente (Juan 12:48).

Su palabra es el mensaje de Dios (Juan 14:15,24) que trae su presencia. Cuando recibimos su palabra recibimos la venida de Dios (Juan 14:2-3).

Entonces, Dios mora en el creyente y el creyente mora en Dios (comp. Juan 14:17, 25-26). Vemos a Dios junto a nosotros, porque también está dentro nuestro (comp. Levítico 26:11; Salmo 23:4) y nosotros dentro de El.

3. Para el perseguido por el evangelio
Mateo 5:10-12

El Señor Jesús enseñó muy claramente acerca de nuestra actitud frente a la persecución y aun dijo que deberíamos orar por los perseguidores (Mateo 5:44).

El Nuevo Testamento muestra el trato que los hombres dieron a los predicadores (Hechos 8:1; 13:50; 1 Corintios 4:12; Gálatas 1:13) y de qué modo Dios acompañó a sus siervos (Hechos 18:6-10).

En nuestro texto, la bienaventuranza está directamente relacionada con la calumnia que padecen los cristianos por el nombre de Cristo (Marcos 4:17; Lucas 6:22; 1 Corintios 4:10-12). Los impíos nunca aceptarán que Cristo les saque del pecado, porque prefieren seguir las directivas del malo que concuerdan con las de la carne.

4. Para la obra en general
Apocalipsis 22:12

Creemos —en principio— que la presencia del Señor es el mejor galardón para los cristianos (Apocalipsis 22:7), pero además la Escritura nos enseña que sobre ella tenemos otra recompensa (Apocalipsis 11:18; 20:12), simplemente porque el Señor la prometió (1 Corintios 3:8,14).

Reconocemos nuestra falta de mérito, además de nuestros muchos errores, también sabemos de la misericordia de Dios para cumplir lo prometido (2 Corintios 1:20; 1 Timoteo 4:8; 2 Pedro 3:13) simplemente porque es galardonador de los que le buscan (Hechos 11:6). Gracias a Dios que podemos servirle, queremos hacerlo, no por vanidad o interés sino por amor y para la gloria suya.

CONCLUSION

Las enseñanzas sobre los galardones tienen como base: "Nadie recibe algo si no tiene fe para aceptar lo que Dios le ofrece".

Recuerdo que siendo niño escuché a un predicador singular. Se esforzaba por mostrar la recompensa de la fe. Desde donde yo estaba sentado veía que su exposición tendría un clímax. Efectivamente, ocurrió cuando alzando el puño derecho dijo: "Tengo una recompensa para el que crea que tengo algo para darle ¿quién se aproxima a buscarlo?". Nadie acudía, hasta que finalmente un niño creyó y fue. El predicador abrió la mano y le dio un billete de dinero que bien recompensaba su fe.

Otros intentaron ir después, pero era tarde.

BOSQUEJO No. 83

EL CRISTIANO
Sus Experiencias

Grandes son las manifestaciones que el poder de Dios ha realizado a nuestro favor derrotando al pecado que nos agobia. Notemos las principales:

1. Nos vio "muertos en pecado"
Romanos 6:2,6,8

Dios había dicho a Adán "el día que de él comieres, morirás" (Génesis 2:17). La experiencia nos enseña que esa muerte se produjo (Génesis 3:23-24; Efesios 2:5) y que pasó a toda la raza pues "todos pecaron" (Romanos 3:23; 5:15-21).

2. Nos dio el "perdón de pecados"
Colosenses 1:14

Juntamente con la cruz de Cristo tenemos redención y el perdón de los pecados (Efesios 1:7). Para otorgar ese perdón el precio pagado fue inapreciable (Romanos 3:24; 1 Pedro 1:18-19) y solamente posible por la ofrenda voluntaria del Salvador.

3. Nos mostró el "pecado condenado en la carne"
Romanos 8:3

Jesús tomando forma (naturaleza) humana pudo vivir sin pecado, en completa santidad aunque en medio de las mismas tentaciones que nosotros soportamos.

Dios condenó en Jesús, con una vida impecable, el pecado del mundo; y en su muerte vicaria en la cruz del calvario hallamos la redención que nuestra alma necesitaba (Juan 1:29; 8:34-36).

Tres verdades sacamos de esa muerte:

* El fue condenado – Romanos 8:3

* El viejo hombre fue crucificado – Romanos 6:6

* Los pecados deben ser confesados – 1 Juan 1:7-9.

4. Nos posibilitó el estar "muertos al pecado"
Romanos 6:11

Posiblemente el original sea más terminante al decir: "realmente muertos al pecado". Significa la condición espiritual de los creyentes, que no se limita a ser libres de la pena del pecado, sino a la actitud que debemos asumir con respecto a él.

El antiguo amo no tiene derecho sobre nosotros, debemos ubicarlo como muerto y por el poder del Espíritu disfrutar de lo que la Escritura nos enseña en Romanos 8 (leer Romanos 6:14; 7:8,11; 2 Corintios 5:21; Gálatas 1:4; Colosenses 2:12-13).

CONCLUSION

El pecado dominó a la raza humana desde el primer hombre, y por él, la muerte reinó hasta hoy. Cristo llevó el pecado en sí mismo y derrotó al diablo. Grande es ese triunfo y tanto más cuanto que podemos disponer del poder del Espíritu Santo para vivir muertos al pecado y vivos para Dios, por la fe en Cristo Jesús. ¡Vivamos siempre en triunfo!

BOSQUEJO No. 84

LA VIDA CRISTIANA
Su Comunión

El verdadero sentido de la comunión es disfrutar de un creciente conocimiento de Dios, en intimidad con El, nuestro Padre, con el Hijo, nuestro Salvador Jesucristo y con el Espíritu Santo (1 Juan 1:3; 1 Corintios 1:9; Filipenses 2:1). Esta participación comprende nuestra experiencia cotidiana, a causa de ello leemos de la "comunión en el servicio" (1 Corintios 16:15; 2 Corintios 8:4; Colosenses 4:7); "comunión en el evangelio" (Filipenses 1:3-5) o "comunión en el sufrimiento" (Filipenses 3:10).

Al estudiar de qué modo participamos —tenemos parte— en Dios, nos encontramos con las siguientes realidades:

1. Participantes de la naturaleza divina
1 Pedro 1:4

Cuando aceptamos a Cristo, Dios pone en nosotros su propia vida que es vida eterna (Juan 5:24; 6:40; 10:28; 17:3; 1 Timoteo 1:16). Esto es, sin duda, lo más importante de nuestra experiencia.

2. Participantes del llamado celestial
Hechos 3:1

Los "hermanos" (Romanos 12:1; 1 Corintios 14:20; Gálatas 6:1) demuestran un permanente interés mutuo, porque tienen la misma naturaleza y el mismo Padre celestial. Todos somos compañeros, en consecuencia, podemos compartir las cosas eternas (Hechos 3:14; 10:33-34), y obedecer la voz de Dios.

3. Participantes de la santidad de Cristo
Hechos 12:10

El tema de la santidad no es para debates o polémica, sino para obediencia. Dios desea que participemos de su carácter y desarrollemos una vida de santidad (1 Corintios 6:19-20; 1 Tesalonicenses 4:7; 1 Timoteo 2:15; Hechos 12:14). Ser santo, es llevar el carácter de Dios a todas partes (2 Corintios 7:1; 1 Tesalonicenses 3:13) como Cristo lo hizo (Juan 8:46).

4. Participantes de los sufrimientos
1 Pedro 4:13

La vida cristiana desarrolla todas las formas de participación (Gálatas 6:6; Filipenses 4:15; 1 Timoteo 6:18), incluso la del sufrimiento (Filipenses 4:14).

Pablo, decía así lo que ocurría con los Filipenses (1:12-14) o los Tesalonicenses (1 Tesalonicenses 2:14-16) y posiblemente con muchos otros en los lugares que visitaba (comp. Romanos 8:17-18). También leemos que si sufrimos aquí, por causa del Señor, reinaremos con él (2 Timoteo 2:10-13) siendo participantes de la herencia eterna (Colosenses 1,12-13; comp. 1 Pedro 5:1).

CONCLUSION

Estando en el campo vi cómo un inexperto trataba en vano de poner en funcionamiento una bomba para extraer agua, que al parecer se usaba poco. Poniendo todo su entusiasmo agitaba la manivela para arriba y para abajo, pero nada sucedía. Alguien le vio y le detuvo: "Espere, esto anda así", y trayendo un recipiente con agua echó un chorro por el vástago que va al émbolo."Veamos ahora", dijo, y efectivamente pudo verse el resultado.

Lección práctica sobre la comunión:

a. Como miembros del cuerpo del Señor nos necesitamos los unos a los otros.

b. Dar primero para recibir después.

BOSQUEJO No. 85

VIDA CRISTIANA
Su Base

Gloriosa como es la vida cristiana e importante por sus características, solamente es efectiva si cuenta con una relación verdadera con Cristo (1 Juan 3:6-7), en sometimiento sincero (1 Juan 5:14-15) y triunfo completo (1 Juan 2:13-14).

Por ello la vida cristiana tiene sus peligros:

1. Que sea un conflicto sin victoria – 1 Corintios 15:57

2. Que sea un viaje sin destino – Salmo 107:23-30

3. Que sea una carrera sin meta – 1 Corintios 9:24-27; Filipenses 3:14

4. Que sea una vida sin compromiso – Mateo 13:20-23; Marcos 8:38; Romanos 1:16.

Para que ello no sea así sería necesario tener presente:

1. Que debemos estar "entregados a muerte" 2 Corintios 4:11

Es la circunstancia en la que la vida aparece como un largo martirio por el rechazo de parte de los mundanos (Marcos 7:9; Lucas 10:16; Juan 12:48), porque ya no somos del mundo (Juan 17:14,16) como tampoco Cristo lo era.

El mundo le despreció y crucificó y ese mismo sentir tiene para sus seguidores (Mateo 5:10-11; 1 Corintios 2:8; Gálatas 6:14).

2. Que debemos "llevar la muerte del Señor Jesús"
2 Corintios 4:10

El capítulo narra el rescate de los discípulos de sus errores a las verdades eternas; de la confusión a la unión con Cristo; de ellos mismos a la santidad.

Anhela que el testimonio de la nueva vida se demuestre en toda la trayectoria cristiana por llevar las evidencias del sacrificio de Cristo y de su resurrección triunfal a la nueva vida (Romanos 6:13).

3. Que debemos "llevar la vida del Señor Jesús"
2 Corintios 4:10

Dios demanda que nuestra vida sea de poder en el Espíritu (2 Corintios 13:4; 1 Tesalonicenses 1:5) para llevar honra y gloria al nombre del Señor Jesucristo. Llevar la vida de Cristo no es simplemente decir que somos participantes de él (2 Pedro 1:4), sino demostrar con hechos (2 Timoteo 1:7-8) que esa experiencia es real (Filipenses 3:10-13). La oración y santidad son el camino bíblico para disponer del poder que tan claramente nos presentan las Escrituras (Romanos 12:12; 15:13).

CONCLUSION

Parece un contrasentido que para vivir la vida cristiana plena tengamos que pensar en la muerte en la forma en que lo hacemos aquí. Pero es verdad, y cuanto más querramos mostrar la vida de Cristo tanto más y más deberemos vivir su muerte tal como lo dice la Escritura.

BOSQUEJO No. 86

LA VIDA CRISTIANA
Su Objetivo

Una de las características de la vida cristiana es el modo de andar. La Escritura dice que una experiencia luminosa (Mateo 5:14-16), debe acompañar nuestra vida diaria y de relación con los demás (Filipenses 2:15; 1 Juan 1:7). Este sería el modo digno de conducirse en la experiencia del Espíritu Santo. Pero, ¿cómo podríamos describirlo prácticamente?

1. Deberíamos andar en amor
Efesios 5:2

Sí, Dios nos amó (Juan 3:16) y por ese amor nos salvó (1 Juan 4:11-12), ahora nosotros debemos manifestar esa característica con los demás (1 Juan 3:10-14) y no solamente a los hermanos sino a todos los semejantes (Gálatas 5:14), aunque sean nuestros enemigos (Lucas 6:35).

2. Deberíamos andar en novedad de vida
Romanos 6:4

La vida nueva es la que espiritualmente es engendrada por Dios y pertenece a El y se denomina vida eterna. En cierto modo está escondida con Cristo (Colosenses 3:3) pero si él mora en nuestro corazón, debemos exponerla por medio de nuestra conducta y con el poder del Espíritu Santo (Romanos 7:6; comp. Efesios 4:24; 5:17).

3. Deberíamos andar dignamente
Colosenses 2:6

¿Qué significa esta demanda? Significa tener en cuenta por lo menos estas tres actividades principales:

a. Recibir el mensaje enviado por Dios – 1 Timoteo 1:15; 4:9.

b. Averiguar los alcances de las exigencias cristianas Efesios 4:1-6.

c. Reconocer las metas establecida – 2 Tesalonicenses 1:10-12.

Sin estos tres puntos bien claros sería difícil profundizar en los planes de Dios sobre el tema. Pero una vez estudiados estos propósitos, y orado al Señor en busca de la guía del Espíritu, comenzaremos a ver el verdadero rumbo que nos propone para la vida cristiana (Hechos 5:41-42).

CONCLUSION

Reiteramos que el objetivo de la vida cristiana es manifestar a Cristo. Estas tres descripciones que presentamos nos encaminan decididamente hacia los propósitos de Dios, tanto en lo que significa la gloria de su nombre, cuanto en la necesidad de darle a conocer al mundo.

BOSQUEJO No. 87

LA VIDA CRISTIANA
Su Sacerdocio

Podríamos iniciar nuestro estudio notando las fallas que habitualmente cometemos en materia de dar al Señor:

1. Robamos a Dios cuando no le damos nuestro amor 1 Juan 2:15.

2. Robamos a Dios cuando desobedecemos sus dichos Lucas 6:46.

3. Robamos a Dios cuando no le rendimos nuestro servicio Lucas 19:20-23.

4. Robamos a Dios cuando nuestra adoración es pobre Salmo 29:2.

5. Robamos a Dios cuando no le damos nuestros diezmos y ofrendas Malaquías 3:8-12.

Aunque el Nuevo Testamento no menciona los diezmos y las ofrendas en la forma en que lo hace para Israel, es evidente que el carácter de Dios es el mismo y en consecuencia su modo de actuar es también idéntico. Debemos insistir en que toda ofrenda es al Señor (Hechos 11:29; Romanos 12:13) y él espera desinterés y generosidad (2 Corintios 8:11-14).

Si vamos a las Escrituras descubrimos cuatro importantes líneas de ofrendas:

1. Nuestro cuerpo: "sacrificio vivo"
Romanos 12:1-2

Pablo insiste en que esta ofrenda es de suma importancia espiritual: "os ruego por las misericordias de Dios" (comp.

15:30-31; 16:17; 2 Corintios 1:3-4; Filipenses 2:1-4; Colosenses 3:12), "que presentéis vuestros cuerpos", porque el cuerpo aparece como la ofrenda de todo el ser. Lo que somos por dentro se manifiesta por el cuerpo (Romanos 6:13; 6:19; ver Santiago 3:6), porque si bien no hay duda de que el hombre existe sin el cuerpo, en esta vida conocemos lo que hace por medio de él (2 Corintios 12:2). Entonces, el "sacrificio vivo" significa una ofrenda constante, no como el animal sacrificado que sólo servía para una vez, sino como un sacrificio permanente agradable a Dios (Romanos 14:18; 2 Corintios 5:8-9; Efesios 5:10).

Algo similar aprendemos de los macedonios que habían aprendido en primer lugar a darse al Señor y luego a los hermanos, teniendo delante el ejemplo del Señor Jesucristo (2 Corintios 8:1-8).

Es a este fruto de la obra de Dios en nuestras vidas que se denomina "comunión" (koinonía) con los hermanos (Hechos 2:42; Gálatas 2:9; Filipenses 1:5), traducida para nuestro caso en un profundo desprendimiento de sí mismo (Filipenses 2:3).

2. Nuestra alabanza: "sacrificio de alabanza"
Hechos 13:15

El pueblo de Dios debe ser una comunidad entregada a la alabanza y adoración. Pero no solamente en grupo o de tanto en tanto, sino en toda circunstancia y todos los días (Romanos 15:9-11; 1 Corintios 14:15; Efesios 1:12; 5:19).

Debemos manifestar delante del Señor nuestro reconocimiento a su grandeza a la vez que admitimos nuestra incapacidad humana para agradarle. En el Antiguo Testamento, leemos del incienso que se quemaba en el interior del tabernáculo, sobre un altar destinado para ello, en el Lugar Santo (Exodo 30:7-8).

¿Cuál es el significado de ese incienso? (Salmo 141:2; Apocalipsis 5:8; 8:3-4; 13:15).

Ese incienso perfumado era santo para Dios, así nuestra entrega delante del Señor cuando vamos ante El de rodillas, no puede tener nada de hipocresía, nuestras oraciones, alabanzas y adoración deben fluir como el aroma de ese incienso, de un corazón lleno de gratitud.

Es de hacer notar que el sacerdote encendía el incienso cada mañana y cada anochecer, esta frecuencia nos habla de la importancia que ello tenía. Ninguna de nuestras actividades en la obra del Señor será verdaderamente efectiva en sí misma si descuidamos este componente de nuestra vida de relación con Dios.

3. Nuestro dinero: "sacrificio acepto"

La preocupación de los filipenses por el sostén de los siervos de Dios debería también ser la nuestra. En el Antiguo Testamento, con el diezmo, mantenían todo el ministerio del tabernáculo incluyendo el sostén de los levitas (Levítico 27:30-32; Números 18:24-28; Deuteronomio 12:6,11,17,19; 14:22-23; 27-29; 26:12).

Lamentablemente lo olvidaron reiteradas veces (Nehemías 13:10-11; Malaquías 3:8-10), pero al restaurar la generosidad a Dios la bendición volvía a manifestarse (Nehemías 10:37-38; 12:44; 13:5,12).

Este hermoso antecedente merece ser estudiado y puesto delante del Señor como una experiencia maravillosa para nosotros. Es en consecuencia pertinente, estudiar con cuidado el tema y considerar las siguientes conclusiones de 1 Corintios 16:1-2:

1. Se debe ofrendar con sistematicidad: "cada primer día de la semana".

2. Se debe ofrendar con individualidad: "cada uno de vosotros".

3. Se debe ofrendar con responsabilidad: "ponga aparte algo".

4. Se debe ofrendar con honestidad: "según Dios lo haya prosperado".

5. Se debe ofrendar con determinación: "guardándolo".

6. Se debe ofrendar con propósitos: "para que cuando yo llegue no se recojan entonces ofrendas".

4. Nuestras buenas obras

"Hacer bien y de la ayuda mutua ... de tales sacrificios se agrada Dios" – Hechos 13:16.

Este es el sacrificio que debemos siempre tener en cuenta para cumplimentar los propósitos de Dios (Efesios 2:10). El deber del bien hacer debe estar siempre en nuestras mentes (Colosenses 1:10; 2 Tesalonicenses 2:17); no tenemos que olvidar que El se agrada cuando nuestra fe (Hechos 11:6) se manifiesta a través de nuestras obras (Santiago 2:16-18).

CONCLUSION

Hemos dedicado espacio a la consideración de uno de los temas más destacados del Nuevo Testamento. Dios nos ha constituido en sacerdotes y la primera ofrenda somos nosotros mismos, rendidos en su altar. Las bendiciones espirituales que provienen de su señorío son inmensas y se derraman sobre los que aprenden a ponerle en primer lugar ofreciéndose en sacrificio vivo. Dios nos ayude a no defraudarle.

BOSQUEJO No. 88

LA VIDA CRISTIANA
Su Madurez

La desaprobación que el libro a los Hebreos presenta a la lentitud que algunos habían demostrado en confesar y producir progresos en la vida cristiana, se debe principalmente al abandono que habían hecho de las prioridades exigidas por el Señor. Lo contrario sería andar el camino a la madurez.

1. Capacidad para vivir las cosas espirituales
Hechos 5:14

El "alimento sólido" se refiere a todo el contenido de las Escrituras que nutre adecuadamente (1 Timoteo 4:6) y prepara para el testimonio (1 Juan 5:4, 5, 6, 10-11). Pero, los que no han comprendido el evangelio y no han verificado las pautas que exige, tropiezan y hacen tropezar (Ejemplo Romanos 16:17). El retardo en el crecimiento se debe esencialmente a la desobediencia o rebeldía (2 Pedro 1:8-10).

2. Experiencia para usar la palabra de Dios
Hechos 5:13

El texto dice que el "inexperto en la palabra de justicia" es niño, es decir, no tiene capacidad de discernimiento, no tiene desarrollo en las funciones espirituales y por lo tanto está increíblemente limitado. En cambio, el estudiante que aplica lo que lee es sabio en el andar, y puede aplicar la Escritura a su vida y a la de los demás.

Crece por el suministro que recibe (Efesios 4:12,16) y se ubica en los objetivos de Dios (Romanos 16:19).

3. Discernimiento de los valores espirituales
Hechos 5:14

También dice el texto que tienen los "sentidos ejercitados en el discernimiento", porque han comprendido que deben depender del Señor para poner en práctica lo que dice su palabra (1 Timoteo 4:7-8).

Nuestros sentidos son los canales por los cuales nos comunicamos con el mundo que nos rodea, nos sirven para guardarnos de los peligros, rechazar lo malo y apropiarnos de lo que ayuda a nuestra vida espiritual (1 Corintios 6:12; 10:23; 1 Tesalonicenses 5:21).

Según Hechos 4:12, para discernir debemos usar la palabra de Dios y aplicarla a nuestras vidas (1 Corintios 2:14) para conocer qué es lo que Dios nos quiere enseñar (comp.1 Corintios 11:29).

CONCLUSION

Tiempo atrás me entrevistó un hermano que para nuestro caso llamaremos Roberto. Es uno de esos hermanos que siempre se anima pero nunca está animado. Me contó sus problemas tal como venían a la mente. Roberto —le dije— puedes enumerarme nuevamente tus problemas y escribirlos? Sí, como no —respondió—, trabajo, hogar, matrimonio, iglesia, estudios, vida espiritual, todos fueron escritos así, sin guardar ningún orden.

Bien —le dije— de toda esta lista ¿dónde pondrías el número uno? Debería ser el Señor—respondió— ¿y el dos? No sé, dijo. Bueno, ya tenemos la clave —dije— ahora puedes orar con sabiduría: "Señor, ayúdame a mantenerte número uno, y dame discernimiento para el número dos".

BOSQUEJO No. 89

LA VIDA CRISTIANA
Sus Prioridades

La elección de los temas que rodean la vida de una persona es difícil porque a menudo choca con intenciones a estructuras. El solo hecho de pensar en el ordenamiento engendra temores e inseguridades. Parte de ese temor nace de nuestra poca voluntad para entregar el primer lugar al Señor y otra parte en que no sabemos cómo hacerlo. Pero notemos la indicación del Señor:

1. "Buscad primeramente el reino de Dios" Mateo 6:33

Al leer Mateo 6—así como todo el Sermón del Monte—nos encontramos con una contracultura espiritual, que es un modo distinto de conducirnos con respecto al mundo que nos rodea, sus prácticas y pensamientos. Distintos tipos de personas están involucradas, el malo con el pleito (Mateo 5:39-44), los hipócritas con la jactancia (Mateo 6:2-7; 16-18), los materialistas con los tesoros (Mateo 6:19-24), las gentes con los afanes de la vida (Mateo 6:25-32).

Todos estos han puesto otras cosas "en primer lugar" y perdieron el rumbo. El "reino de Dios" significa la soberanía de Dios en nosotros (Romanos 14:17) capaz de discernir entre lo temporal y lo eterno. El alma nunca está satisfecha y está en constante búsqueda (Mateo 7:7-8), si Dios no está primero, las consecuencias son desastrosas. La justicia que propone el texto es la santidad y pureza de vida instalada en el corazón (Mateo 5:20).

2. "Buscad las cosas de arriba"
Colosenses 3:1

Esta búsqueda es la consecuencia de la nueva vida. Es imposible profesar la vida de Dios y vivir con alimento mundano. "Buscar la cosas de arriba", es contender por las cosas divinas que alimentan el alma y fomentan el amor (1 Corintios 13:3-5), las que se manifiestan en la edificación que obra el Espíritu Santo (1 Corintios 14:12). Es, en fin, todo lo que tiene su arraigo en Cristo Jesús (comp. Filipenses 2:21).

3. "Busque la paz, y sígala"
1 Pedro 3:11

La antigua recomendación del Salmo 34, tiene una importancia pico, por la violencia que nos azota, al punto que la paz parecería inalcanzable.

En principio, es un don de Dios (Romanos 5:1) que el diablo quiere arrebatarnos o por lo menos deshonrar al incitarnos a hacer lo malo (Romanos 2:10).

Pero con la vida del Espíritu, la paz se fomenta y robustece (Romanos 8:6). Seguir la paz, entonces, es rogar al Señor que nos acompañe siempre (Romanos 15:33) para combatir eficazmente a Satanás (Romanos 16:20).

Con paz vivimos el evangelio (Efesios 4:3; 6:15-17), y lo proclamamos.

CONCLUSION

¿Cómo hacer?

1. Trate de preparar una lista de todas las cosas que le preocupan.

2. Descubra qué cosas son las esenciales en su lista y luego póngale número de prioridad.

3. Piense cómo ordenar su vida para que la decisión que debe tomar no sea una ficción.

4. Dedique tiempo para orar sobre el tema No. 1 de su lista (Proverbios 11:27; Deuteronomio 9:13).

5. Comience a cumplirlo con empeño, sacando cada día de su interior la interferencia a las prioridades que se fijó.

BOSQUEJO No. 90

LA VIDA CRISTIANA
Sus Privilegios

Es un privilegio el ser llamados cristianos porque significa que somos seguidores de Cristo. La vida que nos ha dado, nos propone constantes ocupaciones que a su vez demuestran la nueva responsabilidad.

Vamos a observar algunas:

1 Contender por la fe
Judas 3

Desde los días de los apóstoles existieron los náufragos en la fe, aquellos que distraídos por la corriente del mundo la abandonaron (Colosenses 4:17; 2 Timoteo 4:10) y los que atrapados por el diablo se opusieron (2 Timoteo 2:17; 4:14). Las advertencias sobre los que fingen la verdad pero no son de ella abundan, especialmente en las epístolas de Juan (1 Juan 2:18-22).

La lección que los siervos del Señor nos dejaron es muy significativa en la lucha por la doctrina (Hechos 6:8,10; 9:22; 17:3; Filipenses 1:27; 1 Tesalonicenses 2:2; 1 Timoteo 1:18; 6:12) que debemos mantener.

2. Continuar en la oración
Colosenses 4:2

Es el modo de reconocer a nuestro Padre (Mateo 6:9) y por la fe entrar en su presencia (Mateo 21:22) para adorar y buscar su ayuda (Filipenses 4:4-7; Santiago 1:5-6). La oración también nos auxilia para que permanezcamos en Cristo (Juan 15:7) y mantengamos ardiente la santidad, seguros de que en oración no entraremos en la tentación (comp. Salmo

143:8,10). En Colosenses 4:2, la oración tiene el hermoso ingrediente de la "acción de gracias" (Colosenses 3:15).

3. Conservar la doctrina
1 Timoteo 4:16

Fácilmente nos inclinamos por las cosas temporales renunciando a lo que hemos aprendido, pero la Escritura nos insta à mantenernos sólidamente en las enseñanzas apostólicas (Hechos 6:4; 20:28; 1 Corintios 3:10-11). La doctrina es el contenido de la fe que profesamos, es la sustancia de la vida. Conservarla es imperioso para ser sanos en la fe (1 Timoteo 1:10; 6:3-4; 2 Timoteo 1:13-14).

CONCLUSION

La satisfacción del diablo es hacernos fracasar en la vida cristiana. Quiere demostrarnos la equivocación que cometemos cuando no seguimos sus enseñanzas. Los tres componentes que proponemos para el testimonio son frecuentemente blanco de los ataques del diablo (Juan 8:44; 1 Tesalonicenses 2:18; 1 Pedro 5:8), sigamos pues con firmeza los mandamientos del Señor para gozar de su triunfo.

BOSQUEJO No. 91

LA VIDA CRISTIANA
Su Destino

Para comenzar tenemos que afirmar que Dios siempre es el destino de nuestra vida. Si así no lo fuera no podríamos decir que llevamos una verdadera vida cristiana. Todo lo que hacemos es para él y por medio de él.

El fin de nuestra vida es la gloria, estaremos con él y sentiremos el gozo de su poder. Pero, aún estamos aquí y debemos vivir la experiencia de su poder, que nos demuestra tanto la asistencia de Dios, como la esperanza que hay para nosotros.

Por ejemplo, debemos saber que:

1. Al obedecer su palabra nos constituimos en sus discípulos (Juan 8:31).

2. Al pertenecer a Jesucristo nos transformamos en santos (Romanos 1:6-7).

3. Al vivir en el poder de Dios andamos como luminares (Filipenses 2:15).

Las luminares, las estrellas que alumbran en la noche, son las que todos ven, aunque no sepan cómo se inicia o engendra la luz, mas nosotros sí, sabemos que nuestra luz viene del Señor, porque él es la luz del mundo (Juan 8:12). Todos los cristianos debemos vivir la vida cristiana con poder y victoria, debemos vivir el gozo que es el anticipo de la eternidad.

El destino—nuestra meta— es el cielo, y diariamente debemos vivir de acuerdo a esa expectativa, para ello tenemos que afianzarnos en por lo menos las siguientes experiencias:

1. La fe constituye la base de la vida cristiana (Romanos 5:2; Hebreos 4:2-3).

2. La experiencia demuestra el progreso de la vida cristiana (1 Tesalonisenses 1:3).

3. Las pruebas confirman la eficacia de la vida cristiana (1 Pedro 4:12-13).

4. La esperanza corona la expectativa de la vida cristiana (1 Tesalonicenses 2:9; 1 Pedro 1:13).

Esta esperanza forma parte de toda la experiencia. Nacimos por la fe del evangelio y vivimos así hasta su consumación.

La Escritura aplica la esperanza para:

1. Consolarnos (1 Tesalonicenses 4:16-18).

2. Santificarnos (1 Juan 3:2-3).

3. Sostenernos (2 Timoteo 4:7-8).

CONCLUSION

La acción del enemigo es distraernos y hacernos pensar que nuestra vida es igual a cualquier otra, que cuando morimos todo concluye. Pero, no es así, porque el Espíritu ha puesto eternidad en nuestros corazones (Eclesiastés 3:11).

BOSQUEJO No. 92

EL MUNDO
Visto desde 1 Juan

Juan, ya anciano, tenía además de su misión apostólica, la experiencia de todos los lugares y personas que conocía. En 2:16, describe su análisis: "Todo lo que hay en el mundo, los deseos de la carne, los deseos de los ojos, y la vanagloria de la vida no proviene del Padre, sino del mundo".

El tipo de organización que gobierna este mundo, es en su totalidad un sistema de maldad. "Todo", dice la Escritura, no deja espacio para nada bueno; mas el Padre ha introducido elementos espirituales que se oponen frontalmente a todas las iniciativas del mundo.

Consideremos algunas características de ese sistema de maldad:

1. El mundo es temporal
2:17

"Y el mundo se pasa, y sus deseos; pero el que hace la voluntad de Dios permanece para siempre".

El primer detalle que impacta al escritor es la transitoriedad del mundo que comienza a describir en el versículo 15.

Para aquellos que viven sin Cristo, en quienes no ha resplandecido la luz de la Palabra de Dios, se aferran a las cosas de este mundo como a lo más preciado, aquello que da más satisfacciones y placeres y se afanan por "vivir" (en realidad están muertos en sus "delitos y pecados"—Efesios 2:1) intensamente. Pero cuando la Palabra de Dios ilumina el corazón, todas las obras de las tinieblas se hacen manifiestas, el pecado y sus consecuencias jamás pasarán inadvertidas.

Allí comprendemos que no hay sentido en "vivir" de acuerdo con lo que el mundo ofrece, satisfacciones temporales que pronto pasan pero no sin dejar heridas profundas que afligen el alma, lejanos de la presencia de Dios.

Finalmente, cuando seamos separados de este mundo ¿qué expectativa queda para aquellos que se han aferrado a todo lo que el mundo les ha ofrecido? ¿qué de la vida eterna?

Antes bien, suframos, muramos al mundo para vivir en Dios; atesoremos cosas eternas (Mateo 6:19-21; 7:21-23; 2 Corintios 4:14-18); de cierto no perderemos nuestra recompensa.

2. El mundo es ignorante
3:1

"Este mundo no nos conoce, porque no le conoció a él"

El escritor está sumamente conmovido por el amor de Dios, sabe que "Dios es amor" (4:8) que además amó de tal modo al mundo que envió a Cristo, pero fue ignorado (Lucas 19:44; Juan 5:42; 8:52) y en consecuencia también lo son los que le siguen.

Lo más triste que le puede suceder a un creyente es ser ignorante de los propósitos de Dios, de ahí, el apremio de los apóstoles para que los hermanos estuvieran al tanto (1 Corintios 12:1-3; 2 Corintios 1:8-12; 2 Pedro 3:3-9) de lo que estaba sucediendo.

Pero, al mundo no le interesa los planes de Dios, ni tampoco cómo agradarle porque vive para complacer a Satanás.

3. El mundo es aborrecedor
3:13

"Hermanos míos, no os extrañéis si el mundo os aborrece"

La promoción del odio que el mundo ha desatado sobre los cristianos es impresionante. Y no solamente en la actualidad, sino que el nombre de Dios siempre ha sido perseguido. El diablo ha mecanizado el homicidio (Juan 8:44; 1 Juan 3:15) y por diversos medios ha perseguido la descendencia de Dios desde Abel hasta el presente (Mateo 23:34-35; comp. Juan 15:18;17:14).

4. El mundo es anticristiano
4:3

"Este es el espíritu del anticristo, el cual vosotros habéis oído que viene y que ahora ya está en el mundo"

No hay términos medios, quien no quiere a Dios, indefectiblemente sirve al diablo. El testimonio cristiano no puede ser otro que el vinculado con el señorío de Cristo (Romanos 10:9).

Esta confesión resulta intolerante para el sistema mundial plasmado en el pecado (Romanos 1:18; 2 Timoteo 2:16). La enseñanza del Espíritu Santo es la renuncia a la impiedad y la bienvenida a la vida de Dios (Tito 2:12-14).

Es natural que éste cree un ambiente de rechazo (Judas 15,18) y que el testimonio sufra constantes embates, pero no debemos callar y sí depender de Dios para triunfar.

5. El mundo es inferior
4:4

"Hijitos, vosotros sois de Dios, y los habéis vencido; porque mayor es el que está en vosotros, que el que está en el mundo".

El maligno (Juan 12:31; 14:30; 16:11) que actúa en el mundo, que acrecienta las pasiones (Marcos 7:21) y realiza toda clase de actividades en contra de Dios es un ser inferior, no solamente por ser creado, sino por estar caído.

Dentro de nosotros, está el Espíritu Santo que habita desde nuestra conversión (1 Corintios 3:16; Efesios 1:13) que nos guía y muestra su voluntad (Juan 16:13).

6. El mundo es atractivo
4:5

"Ellos son del mundo, por eso hablan del mundo y el mundo los oye"

El mundo presenta sus modos de ser, de pensar, su aprobación del mal, sus planes de injusticia y tiene muchos seguidores (Juan 3:19-20; 7:7), pero nosotros fuimos sacados de él (Juan 15:19; 17:4; Tito 3:3-5) para vivir para Dios (Gálatas 5:25).

Cuando el Señor Jesús habló de la puerta ancha y el camino especioso también dijo que era el camino a la perdición.

7. El mundo es pecaminoso
5:19

"El mundo entero está bajo el maligno"

El maligno es uno de los nombres del diablo, aunque en algunas oportunidades se lo utiliza como objetivo. El ejemplo del maligno que siembra cizaña en el campo de trigo es un buen modelo de la obra de Satanás (Mateo 13:19,38) formada por una generación de adúlteros espirituales. El enemigo lanza dardos encendidos (Efesios 6:16; comp. 1 Juan 2:13-14; 3:12) contra nosotros para destruirnos, pero por otra parte el Señor es el verdadero "Dios y la vida eterna" (1 Juan 5:20) al cual servimos con devoción (1 Tesalonicenses 1:9) y en quién descansa nuestra esperanza (comp. Hechos 8:1; Apocalipsis 16:7; 19:11).

CONCLUSION

A un niño le obsequiaron un rompecabezas troquelado compuesto por más de un centenar de cartoncitos con figuras muy irregulares. El anverso era un mapa con continentes, islas, mares, etcétera. Al comenzar la tarea el niño observó que en el reverso había otra figura, nada menos que la de un hombre.

En lugar de tomarse el trabajo de armar el mundo, el niño comenzó por el hombre y en pocos minutos el trabajo estuvo concluido. "¡Ya está, papá!", dijo mostrando su ingenio. ¿Cómo pudiste componer tan complicado mundo en tan poco tiempo, hijo? inquirió el padre. Es que no comencé por ese lado sino por el otro, porque pensé que si podía armar al hombre el mundo se compondría solo.

BOSQUEJO No. 93

LA IGLESIA
Sus Características

La palabra iglesia proviene del griego *ekklesia* y significa "llamados afuera". Está aplicada a personas que han aceptado a Cristo como Salvador y aparece en el Nuevo Testamento más de cien veces. Cuando se la usa en singular generalmente se refiere a grupos de creyentes que forman congregaciones independientes (1 Corintios 1:2; 7:17; etcétera. Tres veces se la emplea para referirse a grupos de personas no cristianas (Hechos 7:38; 19:32,39; Hechos 2:12).

1. Fundación
Mateo 16:18

El Señor Jesús dice en Mateo 16:13-19 varias cosas importantes sobre la iglesia:

a. **"sobre esta piedra"**, o sea sobre el contenido de la confesión que Pedro acababa de formular, es decir Cristo, que es la roca (*gr. petra;* Salmo 119:22; Isaías 28:16; 1 Corintios 10:4; 1 Pedro 2:8)

b. **"edificaré"**, es decir que El mismo tomó a su cargo la construcción del edificio para la morada de Dios (Efesios 2:20-22), para garantizar que los componentes sean aprobados y ocupen sus correspondientes lugares.

c. **"mi iglesia"**, el cuerpo que me pertenece, que obedecerá mis iniciativas completará mis funciones (Efesios 1:22-23).

2. Componentes
1 Pedro 2:10

Componen la iglesia todas las personas que han aceptado a Cristo como salvador y en consecuencia forman parte de la familia de Dios (Efesios 2:19; 3:15). Es un "pueblo llamado" para entrar en la comunión de Cristo (Romanos 1:6; 1 Corintios 1:9). A este llamamiento la Biblia lo denomina santo (1 Tesalonicenses 4:7; 2 Timoteo 1:9) porque separa a los creyentes del mundo para unirlos a él, y hacerlos sus representantes (1 Corintios 1:2). Se convierte en el cuerpo de Cristo porque El es la cabeza (Efesios 1:22-23) y todas miembros los unos de los otros (Romanos 12:5).

3. Funciones
Colosenses 3:16

Como familia de Dios (Efesios 2:19), la iglesia cumple activas funciones de edificación mutua y adoración. En Hechos 20:7 leemos que el primer día de la semana se reunían para oír la palabra y celebrar el partimiento del pan. En otros lugares leemos que cantaban (Efesios 5:18-19; Colosenses 3:16), ofrendaban para sostén de la obra del Señor y que el Señor les daba su crecimiento (Efesios 4:16). Sin un ambiente de unidad y armonía es imposible para la iglesia cumplir con eficacia su misión evangelizadora (Hechos 9:31) porque solo así el Espíritu Santo se manifiesta plenamente.

4. Responsabilidades
1 Pedro 2:9

Ciertamente la iglesia es la portadora del mensaje y de la presencia de Dios ante el mundo que la ve, tiene un concepto definido del Señor (Juan 17:11). Su mayor responsabilidad es entonces, ser verdaderos embajadores de Dios (2 Corintios 5:18-20) en beneficio de los pecadores. Los miembros llenos del Espíritu Santo están capacitados para comunicar a los demás el contenido y efecto del evangelio (Romanos 1:8; Colosenses 1:5-6; 1 Tesalonicenses 1:6-8) y auxiliar a la humanidad en sus necesidades sociales (Gálatas 6:10; Hechos 10:24). La iglesia es un ente de sanidad integral.

5. Destino
Efesios 1:13-14

La vida de la iglesia se fundamenta en la esperanza (Romanos 5:3-5), que forma parte de uno de sus pilares de sustento (Romanos 8:24). Nacimos con esperanza a la nueva vida (Efesios 4:4) y la experiencia nos estimula a vivir constantemente descansando en las promesas de Dios (Hechos 10:23-25). La culminación de la esperanza es la venida del Señor (Tito 2:13) quien aparecerá en gloria para arrebatar a los componentes de la iglesia verdadera.

CONCLUSION

Una vecina me dijo días pasados: "Ustedes sí que tienen una juventud sana", refiriéndose a los jóvenes de la iglesia. Lo hizo en el preciso momento en que frente a nosotros pasaba una hermana con serios problemas de conducta. Luego de observar el cuadro repliqué: "No crea, también hay de los otros, pero Dios los va cambiando por el poder del Espíritu Santo. La iglesia es el "sanatorio de Dios".

BOSQUEJO No. 94

LA IGLESIA
Sus Evidencias

Cuando la iglesia capta la visión de los propósitos que Dios tiene con ella, está preparada para cumplir su función en el mundo. Las metáforas que hallamos en 1 Pedro pueden ayudar para nuestro estudio:

1. "Niños recién nacidos"
1 Pedro 2:1-3

Probablemente esta mención es la continuación de 1:23, donde los presenta como "renacidos de simiente incorruptible". Todos los que hemos nacido de este modo debemos crecer, crecer sanos, crecer normalmente. Aunque mucho queremos a los niños, nos entristece cuando algunos no progresan en madurez. Todos tenemos que crecer en santidad (2 Pedro 3:18), en la formación del carácter de Cristo. Esto solamente ocurre cuando nos alimentamos de la palabra de Dios y vivimos de acuerdo a ella (1 Timoteo 4:6).

2. "Piedras vivas"
1 Pedro 2:5

Esto es consecuencia de estar cimentados en la roca inconmovible, permanente, que es Cristo (1 Corintios 10:4). Significa una relación personal, muy particular e íntima con El. Es imposible ser un miembro de la iglesia sin tener la misma naturaleza del fundamento y mantener una unión sólida con El.

3. Sacerdotes "que ofrecen sacrificios"
1 Pedro 2:5

El sacerdote es una figura del Antiguo Testamento que tenía por lo menos dos privilegios sobresalientes:

1. Tenía acceso a Dios, aunque bajo ciertas condiciones, y

2. Podía interceder por el pueblo.

Pero con el advenimiento de la gracia y la obra de Cristo todos nos transformamos en sacerdotes y tenemos libre acceso a la presencia de Dios, con confianza y libertad (Hechos 10:9). Cada creyente puede ofrecer su alabanza con adoración y loor al Señor.

4. "nación santa"
1 Pedro 2:9

Los cuatro calificativos que emplea Pedro se encuentran en Exodo 19:4-6, para probar el poder y los objetivos de Dios al liberar a su pueblo. La prioridad es la santidad, y la meta "que enunciéis las virtudes ...". Para esto Dios nos hizo pueblo, nos llenó de misericordia (1 Pedro 2:10). Sin santidad no hay sacerdocio, ni adoración, no hay unión, ni vitalidad, no hay testimonio, ni luz para el mundo (comp. Romanos 6:22; 1 Tesalonicenses 4:7; 1 Timoteo 2:15; Hechos 12:14).

5. "extranjeros y peregrinos"
1 Pedro 2:11

Precisamente por ser nación santa, somos "extranjeros" (Hechos 11:13) en el mundo sin derechos de ciudadanía aun en nuestra propia nación de origen, pero con las responsabilidades de la administración del evangelio (1 Corintios 4:1-2). El mismo Señor lo dijo: "No son del mundo" pero "yo los he enviado al mundo" (Juan 17:16 y 18).

CONCLUSION

Estos temas parecen fáciles, como si fueran de todos los días, son cosas que sabemos, pero saber no necesariamente es experimentar. Recordamos lo que alguien dijo de Moody: "¿Tiene acaso Moody el monopolio del Espíritu Santo?" No —le respondieron— pero el Espíritu tiene el monopolio de Moody.

Así debe ser cuando sabemos que las marcas o señales de la iglesia, no son más que las de sus componentes, y que la santidad es la sustancia vital para nuestro sacerdocio.

Pienso que la reunión de los creyentes puede tener varios propósitos, pero uno sólo es válido: ¿Por qué somos cristianos y para qué asistimos a la congregación?

Créame que

- algunos asisten porque se quieren tranquilizar
- otros porque pueden reír y hablar y pedir
- otros porque pueden criticar y oponerse
- otros porque necesitan adorar

BOSQUEJO No. 95

LA IGLESIA
Su Crecimiento

Luego que el Señor Jesús ascendiera al cielo, sus seguidores se dedicaron a la oración (Hechos 1:14-15) hasta que descendiera el Espíritu Santo y se formara la iglesia (Hechos 2:1-4; 1 Corintios 12-13). Esta iglesia concretó de inmediato dos prioridades, primero resolvió el problema de las finanzas (Hechos 2:44-45; 4:32-35) y segundo, reconoció el principio de autoridad que en un comienzo estuvo en los apóstoles (Hechos 6:2; 8:14) y luego en apóstoles y ancianos (Hechos 11:30; 15:2,4,6,22,23; 16:4). Sobre esta base creció la iglesia y comenzaron a desarrollarse variadas funciones:

1. Preocupación por el ministerio

Luego del discurso y ejecución de Esteban hubo una gran persecución, "y todos fueron esparcidos" (Hechos 8:1). Estos iban por todas partes evangelizando (Hechos 8:4) y así llegaron hasta Antioquía (Hechos 11:20).

Los convertidos fueron animados por Bernabé por su "exhortación" (Hechos 11:23) y posteriormente, juntamente con Saulo, "enseñados" y discipulados durante un año (Hechos 11:26).

2. Desarrollo del cuerpo

De la Escritura también aprendemos que "a fin de perfeccionar a los santos" (Efesios 4:12), Dios otorgó dones a los creyentes para que éstos pudieran ejercer con eficacia los distintos ministerios espirituales y así la iglesia pudiera ser edificada, creciendo tanto en cantidad como en calidad de sus miembros (1 Corintios 14:26).

Debemos remarcar que los dones espirituales son dados por Dios según su voluntad y no según la nuestra (1 Corintios 12:11). La diversidad de los dones del Espíritu Santo lleva a la unidad de la iglesia, ya que los creyentes se necesitan y complementan en sus funciones según el o los dones recibidos, llevando esto a una iglesia activa y eficaz, donde el poder de Dios se manifiesta y Su Nombre es glorificado.

3. Deseos de mayordomía

Desde que los miembros de la iglesia de Jerusalén aprendieron a decir que nada de lo que poseían les pertenecía (Hechos 4:32), se dieron cuenta que Dios era dueño de todo y en consecuencia ofrendaron con liberalidad (Hechos 11:29).

La práctica pasó a otras congregaciones y todas aprendieron a conducirse como mayordomos fieles (2 Corintios 9:12-13) que operaban bajo la gracia de Dios (2 Corintios 8:1-7), por tanto, según el don recibido debemos ministrar a otros (1 Pedro 4:10) con humildad (1 Corintios 4:7).

CONCLUSION

El crecimiento de la iglesia exige una buena dosis de convicción de pecado por parte de todos nosotros. Spurgeon, solía predicar con vehemencia sobre el tema del siguiente modo: "¿Sabéis por qué tantos que profesan ser cristianos se parecen al terreno espinoso? Porque han omitido ciertos procesos.
La obligación del labrador era arrancar las espinas o quemarlas allí mismo, cuando hay conversión debe ir acompañada de lo que llamamos convicción de pecado.

Ese gran arado, que es la angustia del alma, era usado para penetrar hasta lo profundo de ella. Pero ahora nos aturden los alardes de las salvaciones rápidas. En cuanto a mí creo en las conversiones instantáneas, me alegro de verlas; pero aún me alegro más, cuando veo una profunda obra de la gracia de Dios, un hombre sentido por el pecado, y una herida causada por la ley. Nunca nos libraremos de los espinos si usamos arados que solamente rascan la superficie".

BOSQUEJO No. 96

LA IGLESIA
Su Adoración

La adoración es el acto por el cual la iglesia reunida alaba y honra a Dios (1 Pedro 2:5) por medio de Jesucristo. El Dios de la eternidad se ha revelado de tal modo que la adoración tiene un centro precisamente en la gratitud. Dios busca esos adoradores verdaderos que quieran hacerlo en Espíritu y en verdad (Juan 4:23). Siempre debemos hacerlo así.

1. Significado
Salmo 118:1

La adoración es la actitud reverente por la cual nuestro agradecimiento unánime se vuelca en el trono de Dios. Tiene su esencia en que El es bueno (Salmo 118:21) y que su misericordia es grande (Salmo 108:4). Nos invita a ser agradecidos, él mismo convida a los suyos a brindarse en alabanza (Salmo 107:1-2).

2. Necesidad
Hechos 13:15

La adoración es la clave de la santidad: cuando la familia de Dios se reúne para alabarle, cada cristiano se identifica con su hermano en la comunicación de los santos (Salmo 19:14; Hechos 2:47) para elevar su loor.

El Espíritu Santo que ha formado el cuerpo (1 Corintios 12:13) también dirige nuestra alabanza y forma dentro de los suyos la sinfonía del cielo que es agradable al Señor (1 Pedro 4:11).

3. Modo
Juan 4:24

Debemos tener presente que la adoración no es una liturgia sino una actitud del corazón. Adorar en "Espíritu y en verdad", significa expresar lo que sentimos y sentir lo que expresamos. Bien puede ocurrir con nosotros como iglesia lo que ocurrió con Israel (Isaías 29:13) y posteriormente con los escribas y fariseos: "Este pueblo de labios me honra, mas su corazón está lejos de mí" ((Mateo 15:8).

El peligro del ritualismo y la tradición está presente también en la iglesia quitándole la frescura que brinda el Espíritu (comp. Isaías 1:11-13; Mateo 9:13).

Por otra parte, por lo menos tres características esenciales deben acompañar la verdadera adoración:

a. **HUMILDAD**. "Venid, adoremos y postrémonos; arrodillémonos delante de Jehová nuestro hacedor. Porque él es nuestro Dios; nosotros el pueblo de su prado, y ovejas de su mano" (Salmo 95:6-7).

"Postrémonos" y "arrodillémonos" tiene como actitud del alma la virtud de mostrar física y espiritualmente que reconocemos la soberanía de Dios y el señorío de Cristo (2 Crónicas 6:13-14; Deuteronomio 6:10).

b. **SANTIDAD**. "Adorad a Jehová en la hermosura de la santidad; temed delante de él, toda la tierra" (Salmo 96:9). Sin santidad, sin limpieza, sin comunión con Dios no podremos conocer la adoración, ni vivirla. Estamos en santidad cuando estamos limpios y en comunión (comp. Salmo 29:2) y podemos intimar con Dios.

c. **SINCERIDAD**. "... los que le adoran, en espíritu y en verdad es necesario que adoren" (Juan 4:24). Dios es la verdad y exige que los que se allegan a El lo hagan también en verdad (Isaías 57:15; 58:13-14).

La verdadera adoración es la actividad por la cual, libre de las ataduras del pecado entramos en su atrio celestial protegidos por la sangre de Cristo (Romanos 12:1).

CONCLUSION

Luego de estudiar estos hermosos pasajes bíblicos podríamos agregar que:

- Cuando comenzamos a adorar iniciamos el crecimiento.

- Adorar es despertar la conciencia a la santidad de Dios, alimentar la mente con su verdad, abrir el corazón a su amor, y dedicar nuestra voluntad a su propósito.

BOSQUEJO No. 97

LA IGLESIA
Su Madurez

Por muchos siglos los estudiosos del Nuevo Testamento han denominado a la fe, esperanza y amor como las tres virtudes teologales. Con franqueza no comprendemos bien qué sentido tiene la frase, ni tampoco cómo afecta el carácter cristiano. Sin embargo son claves para el crecimiento hasta la adultez (Colosenses 1:3-5). Las tres demuestran que la vida, el desarrollo y la experiencia de la iglesia descansan en ellas (Efesios 1:15-16,18).

1. Fe
1 Tesalonicenses 5:8

La fe tiene dos sentidos importantes. En **primer** lugar es sinónimo de creer, de aceptar lo que la Biblia dice especialmente con respecto al individuo, la salvación y Cristo Jesús (Hechos 20:21; Efesios 2:8). En **segundo** lugar significa aplicar todo el contenido de la doctrina para el avance de la vida cristiana. Es un ejercicio que santifica (Hechos 26:18) y desarrolla en nosotros los propósitos de Dios (Salmo 37).

Fe no es la autoconfianza, sino la dependencia de todos los creyentes en el Señor. La iglesia que crece se concentra en los objetivos de la fe, ya sea porque se convierte en un vínculo de unión mutua (Romanos 1:12) como por el contenido de la predicación (Romanos 10:8) para la orientación de todos (Romanos 16:26). Así la fe se convierte en la relación entre la iglesia y el Dios Todopoderoso.

Debemos entenderlo, ir en aumento en el conocimiento de ella y observaremos la mejora en la predicación doctrinal, luego observaremos cómo aplicarla a nuestras crisis en el hogar, desempleo o enfermedad (Colosenses 2:5-7).

2. Esperanza
Tito 3:7

La Biblia es un libro de esperanza porque contiene los ingredientes que agregan certeza a las promesas de Dios. Lejos de avergonzar a los que esperan, va consolidando el conocimiento (Romanos 5:4-6) e imprime a la vida diaria el debido énfasis al llamado de Dios (Efesios 4:4).

La diferencia entre la vida de esperanza y la mundana es tal que el Nuevo Testamento dice que el mundo vive sin esperanza (Efesios 2:12) cuando solamente nos valemos de lo terrenal. La esperanza inyecta paciencia en la iglesia (1 Tesalonicenses 1:3), consolación (1 Tesalonicenses 4:17; 2 Tesalonicenses 2:16) y nutre con los elementos propios de la vida de Dios (Tito 1:1-2). La esperanza abunda en confianza para el futuro, porque no surge de informaciones fidedignas, sino de las palabras de Dios, firmemente confirmadas por la historia y en respuesta a las necesidades de nuestra vida. Tenemos esperanza hasta el fin (Hechos 6:11). En la Biblia hemos encontrado el significado de la historia, de cómo Dios actúa y su fidelidad para cumplir sus promesas.

3. Amor
1 Corintios 13:13

La palabra es bien conocida y parece que no necesitara explicación, se canta al amor, se casan por amor, se cela por amor y aun se mata por amor. Pero ¿a qué nos referimos? ¿a la pasión erótica de los sentidos ¿al afecto de amigos? ¿a qué?. Nos referimos a una cualidad que no está fundada en la emoción sino a una expresión de la voluntad como lo comprendemos de 1 Corintios 13.

El amor es la encarnación de la vida de Dios. Tiene permanencia (Jeremías 31:3), y constancia (Romanos 8:39). La Escritura dice que Dios ama y da (Romanos 5:8; 1 Juan 4:8), dice también que los hermanos deben hacer lo mismo

(1 Juan 4:11). Sin amor la iglesia se destruye porque está negando el sentido para el cual Dios la constituyó (Efesios 2:22).

Sin amor todo es falso, aparente y sin Dios. El amor aglutina, cambia y da vida. Es el alimento del testimonio y la base del edificio de Dios. El amor mira por el telescopio, la envidia por el microscopio, no vivimos porque respiramos, sino porque amamos.

CONCLUSION

No hace mucho leí de un incidente ocurrido a una iglesia. Nada menos que se había incendiado el edificio. Dos personas se detuvieron frente al siniestro y de pronto en voz alta uno le dijo al otro: "Es la primera vez que le veo junto a la iglesia", a lo que el segundo respondió: "Es que es la primera vez que la veo encendida". El fuego de la fe, amor y esperanza ganará muchas almas.

BOSQUEJO No. 98

EL DIABLO
Su existencia

Frecuentemente en las Escrituras se denomina ángeles a los espíritus. A los impuros se los conoce como demonios (Lucas 4:33) que en gran número habitan el mundo cósmico (Efesios 6:11-12). El jefe de todos estos es Satanás (Mateo 25:41), así como los ángeles "santos" tienen a Miguel (Judas 9).

El diablo como "príncipe de este mundo" (Juan 12:31; 14:30; 16:11) gobierna tiránicamente a sus súbditos y los somete a las más viles pasiones y desenfrenos. Parte de esta táctica la vemos en las expresiones como "león rugiente" (1 Pedro 5:8); "serpiente antigua" (Apocalipsis 12:9); "ángel de luz" (2 Colosenses 11:14); "Belial" (2 Corintios 6:15); "inicuo" o perverso (Mateo 6:13; Juan 17:15); etcétera y unos veinte nombres más que describen su carácter y objetivos.

1. La creación de Satanás

Algunos detalles importantes que podemos extraer de Ezequiel 28:12-19, demuestran que no fue creado como adversario, sino que se constituyó en tal por haber "caído" de su lugar. Llama poderosamente la atención el esplendor de los componentes de este texto y el carácter de querubín servidor de Dios y como vindicador de la santidad del Señor. No es fácil decir dónde se desarrolló toda esta escena aunque se menciona el huerto de Edén.

Si tenemos que decir que el mal se genera cuando en uso de su albedrío dio lugar a la segunda voluntad, la suya (v.17), que con orgullo introdujo el mal y produjo el pecado descrito en Isaías 14:12-17.

2. La trayectoria de Satanás

A pesar de que en Génesis 3 solamente vemos una serpiente maldecida, toda la historia posterior nos demuestra que como espíritu de maldición arruinó y degradó a la humanidad. Caín mató a Abel (Génesis 4:8-9), Lamec popularizó la poligamia y la violencia (Génesis 4:19-24). Comenzaron a verse los límites para la vida, las formas de egoísmo y la degeneración hasta el colmo (Génesis 6:5).

Aunque por nombre aparece solamente en cuatro ocasiones en el Antiguo Testamento, éstas son suficientes para conocer su peligrosidad cósmica (1 Crónicas 21:1; Job 1 y 2; Salmo 109:6; Zacarías 3:1-2). Cabe la aclaración de que todo está bajo la voluntad permisiva de Dios (Exodo 10:20; Isaías 45:7).

Ya en el Nuevo Testamento es bien conocida su irrupción en la vida del Señor Jesús para destruir los propósitos de Dios (1 Juan 3:8). Quiso tentarle (Lucas 4:1-6), disuadirle (Mateo 16:22-23) y atacarle (Lucas 22:3) pero no pudo con El.

A pesar de ser un enemigo derrotado sigue siendo el "dios de este siglo" (2 Corintios 4:4) e intentará toda especie de artimania hasta su final (Apocalipsis 16:13-14).

3. El destino de Satanás

La muerte de Cristo en la cruz fue una victoria ilimitada en este terreno (Colosenses 2:14-15), confirmada por su resurrección (Romanos 1:4). Fue un verdadero golpe mortal para Satanás (Hechos 2:14) por la cual el destino quedó definitivamente sellado (Mateo 25:41), solamente esperamos el día de su ejecución (Apocalipsis 20:12-15).

CONCLUSION

La cruz fue el patíbulo de Satanás. Los poderes hostiles del universo que el diablo lidera fueron sacados del medio y expuestos a vergüenza en el mundo de los espíritus.

No obstante Satanás continúa su reino de tinieblas, mas la iglesia desde su posición de lucha tiene el sostén divino y este enemigo vencido para siempre en la cruz será por lo tanto derrotado en nuestras luchas toda vez que Cristo empuñe el timón de nuestra vida.

BOSQUEJO No. 99

EL DIABLO
Su Actividad

Las Escrituras describen al mundo actual como malo (Romanos 12:2; Gálatas 1:4) reprobado y contrario a Dios. Las tinieblas habitan los corazones de los moradores y en consecuencia el pecado es la única resultante. El Señor Jesús le dijo a los discípulos que en el mundo tendrían aflicción (Juan 16:33) porque no pertenecían a este reino hostil (Juan 17:14) que no acepta a Dios (1 Corintios 1:21).

Este vasto sistema que Satanás articuló, ama la corrupción, (2 Pedro 1:4) es una civilización promotora de la fornicación (1 Corintios 5:10), la degradación (Santiago 4:4) y el caos. El mismo habló de los "reinos del mundo" (Lucas 4:5-7) que domina a su arbitrio tal como el texto lo dice: "y el mundo entero está bajo el maligno" (1 Juan 5:19).

1. Los mecanismos que usa
1 Juan 2:16

"Los deseos de la carne", "los deseos de los ojos" y "la vanagloria de la vida", continúan siendo sus instrumentos. Son los que usó con Eva (Génesis 3:6) y continúa ofreciendo a todos. Los que son alcanzados por el evangelio también sufren los mismos embates (Mateo 4:19), algunos con éxito.

La "carne" es el vehículo esencial para destrozar la fe de los cristianos (Romanos 7:18,25; 8:5) y enfrentarlos a Dios. Los ojos tienen un valor especial en el cumplimiento de sus estratagemas (2 Pedro 2:14) capaces de seducir a cualquiera para implantar la soberanía y soberbia de una vida extraviada (Marcos 7:22).

2. Las actividades que despliega
2 Corintios 2:11

Hemos solamente de mencionar que la destrucción es su arma ideal, desde el Edén hasta el fin de la raza está relacionado con ella y consigue interesantes avances (2 Pedro 2:1;3:16). Debemos ser guardados por el Espíritu Santo de sus innumerables acciones seductoras (1 Timoteo 4:1) tanto de opresión (Hechos 10:38) como de actividades mal desarrolladas (1 Timoteo 3:6-7; 2 Timoteo 2:20). Los que caen son "devorados" (1 Pedro 5:8) perdiendo su identidad cuando Dios promete victoria (Santiago 4:7).

La astucia que empleó para que los griegos creyeran que el evangelio es locura (1 Corintios 1:23-24) es la misma que, como adversario de Dios, usa para cegar el entendimiento de los incrédulos (2 Corintios 4:4; Filipenses 1:28; 1 Timoteo 5:14).

3. Los resultados que obtiene
2 Timoteo 3:1-5

Tristemente ha ganado millones de batallas y sigue confundiendo a muchos en las maneras ya observadas (Mateo 8:16: Hechos 8:6-7). Pero Dios que es Todopoderoso, nos da la victoria mediante la sangre de Cristo que derrotó al maligno (Hechos 16:16). Nuestra lucha es cruel (Efesios 6:12) pero la victoria es segura.

CONCLUSION

Recuerdo que hace unos años atrás me tocó intervenir en una experiencia interesante. Presente en un culto se hallaba una persona que cuando el predicador mencionó el poder de la sangre de Cristo, se puso de pie y le increpó duramente en público, con insultos e improperios. Ya en una habitación contigua, fui llamado para encontrarme con el caso. Reprendí a aquel demonio con la misma sangre que rechazaba y la víctima quedó calma, reconociendo la liberación que el Señor había obrado en su vida.

"Perfecto ... lleno de sabiduría ...
acabado de hermosura
(Ezequiel 28:12)

"El diablo: El príncipe de potestad del aire"
(Efesios 2:2)

Cayó por su soberbia
(Ezequiel 28:17)

CONSTANTE INTERRELACION
(Cielo-tierra) EN EL REINO DE LAS
TINIEBLAS
(Mateo10:1; 12:43; Lucas 7:21; Hechos 8:7; Efesios
6:12; 1 Timoteo 4:1, etcétera)

El diablo arrojado a la tierra
(Apocalisis 12:7-12)

.MILENIO.

Edén
(Génesis 3)

Job 1:6

1 Crónicas
21:1

Zacarías
3:1

Mateo
4:10

Hechos
5:3

EL ANTICRISTO
(1 Juan 2:18; 2 Tesalonicenses 2:9-10)

Apocalisis 20:7-8

"El dios de este siglo" (2 Corintios 4:4)

SATANAS
ARROJADO

Apocalisis
20:10

AL ABISMO
Apocalisis 20:1-3

LAGO DE FUEGO

.SATANAS.

BOSQUEJO No. 100

LA SEGUNDA VENIDA DE CRISTO
Según 1 Tesalonicenses

Aunque muy a menudo la división en capítulos y versículos carece de lógica, no ocurre así con esta epístola en la que cada capítulo finaliza con la venida de Cristo, luego de exponer distintos argumentos para nuestra consideración.

1. Confianza
1:10

Los tesalonicenses habían oído el testimonio de Pablo, Silvano y Timoteo y habían creído al evangelio. En los versículos 5 al 9 del primer capítulo se nos relata cómo tales hechos se habían concretado y cómo al fin esperaban el día de la venida del Señor.

El evangelio había llegado con poder (comp. Hechos 17:1-4) del Espíritu Santo (comp. Hechos 4:25-31; Romanos 14:17) produciendo confianza (o "plena certidumbre") en los predicadores, en su entendimiento y en su experiencia, habiendo Cristo penetrado en sus corazones (Colosenses 2:2; Hechos 6:11), ahora se les proponía una experiencia completa en El (comp. Romanos 4:21; 2 Timoteo 4:5,17) y así lo esperaban, porque serían guardados de la ira que vendría.

2. Compensación
2:20

La esperanza en la venida del Señor no solamente produce confianza, sino también, explica algo de la recompensa. Los apóstoles habían trabajado ardorosamente en Tesalónica (Hechos 17:1-3), así como también en Filipo y otros lugares. Dios que puede observar y modelar el hombre interior

(Romanos 6:17-18; Colosenses 3:15; 1 Juan 3:20) conocía ese trabajo de amor (ver 3:5). Sabía también de las estratagemas del diablo para que no volvieran (1 Tesalonicenses 2:18) y de las muchas tristezas surgidas en el camino, las cuales agigantaban la esperanza que movilizaba toda la experiencia en el evangelio (Filipenses 2:16; 2 Tesalonicenses 2:16).

3. Consolidación
3:13

Desde el V. 11 comenzó una invocación que continuó hasta ver a los cristianos consolidados en Cristo. Pensó en la actividad de Dios mismo para que (5:23; 2 Tesalonicenses 2:16-17) enderece y dirija "nuestro camino" a vosotros (Romanos 1:10; 15:32).

La disputa sobre la deidad de Cristo quedó totalmente aclarada porque no había dudas en Pablo. Anhelaba además que la venida del Señor les sorprendiera firmes, sólidos y abundando en el amor fraternal (Juan 13:14; 2 Corintios 4-15; Filipenses 4:17-18) y para con todos (ver Gálatas 6:10; 1 Tesalonicenses 5:15; 2 Pedro 1:7). Creía que la motivación debía ser productiva en el fortalecimiento de la esperanza· (2:12; 3:2; Hechos 12:22-23) con vistas a la venida del Señor (2 Corintios 5:10).

4. Consolación
4:18

En la primera porción del capítulo, el tema dominante es la santidad, especialmente en las relaciones entre varones y mujeres.

Posteriormente hacia los que perdieron seres queridos, lo cual culminó con la hermosa descripción del arrebatamiento de los santos.

El modo convincente cómo Pablo describió la revelación, lejos de tener por objeto las disputas que posteriormente aparecieron, sirvió para animar a los desconsolados. Confirmaba con la palabra del Señor (comp. Gálatas 1:12; Efesios

3:3) la perplejidad que había surgido en Tesalónica y les mostraba que aunque no conocía exactamente el momento de su venida (comp. Deuteronomio 29:29; Mateo 24:36; Hechos 1:7) sabía muy bien cómo se produciría porque el Señor mismo se lo había declarado (comp. 1 Corintios 14:51-52; 2 Corintios 5:1-10; Filipenses 3:20-21; 2 Timoteo 2:11-13).

En verdad, a los tesalonicenses les mostró detalles muy singulares, especialmente en lo referente con el rigor, la velocidad y esplendor involucrados (Juan 14:3; Colosenses 3:4). Es imposible contar la profundidad del consuelo producido en los tesalonicenses, sobre todo al disipar la sombra de aquellos que habían muerto (comp. 2:11; 3:2; 5:11; 2 Tesalonicenses 2:17).

5. Conformidad
5:23

Para poder conocer la maravilla que significa lo que los cristianos deben experimentar, se necesita unir dos ingredientes: La expectativa con la santidad.

Ahora también, el mundo gime en tinieblas pero el cristiano está en la aurora de la vida. El "sueño" que menciona el texto de 1 Tesalonicenses 5:4-7, implica en este caso que la insensibilidad espiritual de nuestra parte es capaz de desembocar en equivocaciones tales como descuido, falta de visión, etcétera, llevándonos a caer en lazos del diablo.

La sobriedad encamina a la preparación (5:8-10) y todo a la santidad.

Nosotros nos abstenemos (v.22) y el Señor nos santifica (3:13; 4:3) en todo nuestro ser, tanto en el "interior" (Romanos 7:22) es decir, espíritu y alma, como en el "exterior", nuestro cuerpo (Filipenses 3:20-21); debemos sentir profundamente la actividad de Dios.

La constante santificación implica la preservación, tanto de contaminación espiritual (Romanos 8:13; 2 Corintios 7:1), de pensamientos (Efesios 2:3; Tito 1:15) como de nuestro cuerpo con sus inclinaciones carnales dirigidas por el viejo hombre (1 Corintios 6:12-20); comp. Romanos 6:19; 2 Corintios 4:10). Solamente Dios puede formar este hermoso equilibrio, consumado con la venida de Cristo (Juan 1:16) y prepararnos en armonía para cuando otra vez venga para llevarnos con El (Juan 14:2-3).

CONCLUSION

Muy conocido es el relato de aquel viajero que visitó Italia:

–Llegué a Villa Areconati, al lago Como, que es una joya de la corona de los Alpes, en Italia. Un jardinero me abrió la pesada puerta y me llevó por el admirable jardín.

–¿Cuánto tiempo hace que está usted aquí?

–Veinticinco años.

–¿Y con cuánta frecuencia ha visitado esto el dueño?

–Cuatro veces.

–¿Cuándo estuvo la última vez?

–Hace doce años.

–¿Le escribe, entonces?

–Nunca.

–¿Con quién se arregla usted?

–Con el encargado de Milán.

–¿Viene éste con frecuencia?

–Nunca.

–¿Y quién viene por aquí entonces?

–Estoy casi siempre solo; muy pocas veces se ve algún forastero.

–Y, sin embargo, usted tiene el jardín hermoso y bien arreglado como si su amo tuviera que venir mañana.

–Hoy, señor, hoy podría venir.

–Fue la respuesta.

"Velad, pues porque no sabéis a qué hora ha de venir vuestro Señor" (Mateo 24:42).

Julio 9-95
Hno Javier Camacho
este Manantial Biblico
es principio de tu
ministerio en tu vida
Espiritual Cristiana
con todo el Amor Cristiano
Los Pastores Rosa.